# NÄCHTE ZWISCHEN DER ZEIT

Christoph Frühwirth

# NÄCHTE ZWISCHEN DER ZEIT

Raunachtgeschichten und Räucherrituale

# INHALT

Vorwort ............................................................. 6

Raue Nächte, lichte Tage .................................. 9

    *Räucher-Einmaleins von Doris Kern* .............. 14

    *Räuchern in der Thomasnacht* ...................... 29

**I.** Peter Roseggers Christnacht ....................... 36

    *Räuchern an Heiligabend* ............................... 48

    *Raunachttagebuch* ......................................... 50

**II.** Niederwildjagd am Stefanitag ................... 54

**III.** Sagen aus Sandl ...................................... 66

**IV.** Wunsch- und Sorgenfeuer ....................... 80

**V.** Brauchtumsbrote ..................................... 92

**VI.** Rückzug in den Wald ........................ 106

**VII.** Räuchern in Haus und Hof .................. 118

*Räuchern an Silvester* ........................ 126

**VIII.** Jahreswechsel mit der Pummerin ............ 134

**IX.** Wilde Jagd am Untersberg .................. 146

**X.** Märchen erzählen im Almtal ................ 158

**XI.** Kärntens Pehtra Baba ...................... 172

**XII.** Drei Könige am Traunsee .................. 182

*Räuchern in der Dreikönigsnacht* .............. 190

Nachschlag, Das Teeglas ........................ 194

# VORWORT

Jedes Buch beginnt mit einem Vorgespräch. Das Vorgespräch ist so wichtig wie der erste Satz. Verleger und Autor treffen einander und legen sich auf Form und Umfang des Buches fest. Auch dieses Buch begann mit einem Vorgespräch. An einem Freitag, dem 13., trafen wir uns: Lektorin, Verleger und Autor. Freitag, der 13., im Aberglauben ist er als Tag des Unglücks verankert. Wir verabredeten uns am frühen Vormittag in einem beinahe leeren Kaffeehaus. Allein ein Nebentisch war besetzt: mit fünf Rauchfangkehrern, fünf Glücksbringern also.

Das Bild von den Rauchfangkehrern am Unglückstag brachte ein altes Sprichwort auf den Punkt. »Glück hinein, Unglück hinaus«, lautet es. Und es ist *der* Sinnspruch für die Raunächte. Das Treffen und seine Begleitumstände leiten passgenau auf den Inhalt dieses Buches über: die zwölf Raunächte zwischen der Christnacht und dem Dreikönigstag.

Sie stehen für eine Auszeit vom Alltag, für die »stade Zeit«, für die Zeitenwende. Der Tag wird zur Nacht und umgekehrt. Die »Zwölften« beruhen auf einer kalendarischen Lücke zwischen Sonne und Mond. Mondphasen dauern 28 Tage pro Monat. Die Sonne scheint 30, respektive 31 Tage. Am Ende des Jahres fehlen uns zwölf Tage. Wir machen uns also zwölf geschenkte Tage zunutze, indem wir sie der Muße widmen. Traditionell sind die Raunächte eine Zeit, in der die Natur stillsteht. Und auch das Rad der Zeit steht still. Symbolisiert durch das Spinnrad, das in dieser Zeit nicht bewegt werden darf. Dafür wird umso mehr Erzählgarn gesponnen.

Ich habe an zwölf verschiedenen Orten in Österreich Gesprächspartner aufgesucht, die nicht die Asche bewahren, sondern die Glut weitergeben, die altes Brauchtum in sich birgt. Ihre Erzählungen, ob in Märchenform oder in der Form eines handgeschriebenen Briefes, tragen dieses Buch. Sie haben mich zu eigenen Überlegungen zu dieser »heiligen Zeit« angeregt. Statt Brauchtum abzuarbeiten, konnte ich es neu denken. Durfte, ja musste es sogar neu denken! Ich beschloss, im Althergebrachten das Zukünftige zu suchen. Und entdeckte die visionäre Kraft, die in den alten Raunachtregeln steckt.

Ich möchte mit den zwölf Geschichten, die ich der Zeit zwischen der Zeit zuordne, einen Leitfaden für den Alltag spinnen. Wohlgemerkt, einen Leitfaden. Denn dieses Buch will kein Ratgeber sein. Es soll der Anregung dienen. Ganz im Sinne des Spruches: »Glück hinein, Unglück hinaus«.

*Christoph Frühwirth*

»RAUNÅCHT SAN VIER, ZWOA FOAST UND ZWOA DÜRR.«

# RAUE NÄCHTE, LICHTE TAGE

Viel ist die Rede vom Stillstand. Wir sind es nicht mehr gewohnt, innezuhalten. Und doch ist dieses Innehalten, der – wohlgemerkt, freiwillige – Stillstand, ebenso wichtig wie die Betriebsamkeit. Wir laufen im Hamsterrad der Erwerbstätigkeit. Und müssen immer wieder feststellen: Freiheit ist keine Selbstverständlichkeit. Wir fühlen uns eingeengt, isoliert. Wie oft hört man den Stehsatz: »Ich krieg die Krise!«

Die Bauernhöfe anno dazumal waren oftmals Einschichthöfe. In strengen Wintern, wenn diese Höfe eingeschneit waren, befanden sich die Bauernfamilie und ihr Gesinde in einem ähnlichen Zustand. Nämlich einer mehr oder weniger unfreiwilligen, naturgegebenen Isolation. Krise schafft Gemeinschaft. Bauern und Bedienstete verband spätestens mit dem Aufkommen der Industrialisierung das gemeinsame Schicksal der Krisenbewältigung. In der »staden Zeit« rückte man zusammen und sprach sich in unsicheren Phasen Mut zu. Wir leben in einer unbeschwerten Zeit. Müßiggang scheint die Mühsal verdrängt zu haben. Was einst hart erkämpft werden musste – von Arbeit freie Zeit – ist heute Normalität.

Doch diese Normalität ist ein Privileg. Auf einem Bauernhof fiel die arbeitslose Zeit in die Zeit der Raunächte. Draußen stand die Natur still, drinnen erholte man sich vom Arbeitsjahr.

Doch woher kommt dieser Begriff? »Rau« steht für das Räuchern, das Reinigen der Atmosphäre. Tagsüber wurde zum Schutz vor Unheil geräuchert. Abends schaute man durch den Rauch in die Zukunft. Das Raue meint aber auch das Haarige: »rûch« im Mittelhochdeutschen. Also die mit Fell bekleideten Gesellen der Wilden Jagd, die Perchten. Die Nacht wiederum steht für die Jahresnacht. Dem keltischen Jahreskreis nach befinden wir uns zwischen Wintersonnenwende und Dreikönig in der dunklen Zeit des Jahres. Daher wird sinnbildlich der ganze Tag als »Nacht« bezeichnet. So dauert die erste Raunacht exakt von der Mitternacht des 24. bis zur Mitternacht des 25. Dezember an.

Der Volksmund kennt zwei Varianten von Raunächten. Eine, die sich in Fasten- und Feierzeit einteilen lässt, und jene bekanntere, auf die ich gleich zu sprechen kommen werde. »Raunächt san vier, zwoa foast und zwoa dürr«, heißt es in einem alten Bauernspruch. Diese Vierer-Variante umfasst den Thomastag, Heiligabend, Silvester und die Nacht vor Dreikönig. An Heiligabend und Silvester wurde gefastet, am »Thomerl«, dem Schlachttag, und am Ende der Raunächte, vor Erscheinen der Heiligen Drei Könige, gevöllert. Man schlug sich also die Bäuche voll und nannte diese Feiertage die »Foasten«.

Die hierzulande wesentlich bekanntere Raunachtregel folgt der kirchlichen Interpretation der zwölf heiligen Nächte. Dem Volksglauben nach konnten in dieser Zeit die Zukunft, aber auch, ganz praktisch, die Witterung des folgenden Jahres gedeutet werden. Und zwar an ganz bestimmten Tagen, den Lostagen. An diesen legte das Los die Witterung für längere Zeit fest. Eine Lotterie der Volkswetterkunde. Der 21. und 24. Dezember sind solche Lostage. Und der 1. und 6. Jänner. Sie standen und stehen im Gegensatz zu den »Schwendtagen«, jenen Tagen, an denen nichts Neues begonnen werden durfte. Innerhalb der Raunachtzeit gelten der 2. und der 4. Jänner als solche »verworfenen Tage«. An ihnen darf weder gepflanzt noch geerntet werden. Wer es doch wider jede Vernunft versucht, dem dräut Unglück.

Die Kirche hat sich mit der Einführung der heiligen Nächte ein wissenschaftliches Phänomen zunutze gemacht. Unterscheidet die Astrologie doch zwischen Mond- und Sonnenkalender. Mondphasen dauern nur 28 Tage im Monat. Der Sonnenlauf folgt jedoch abwechselnd 30 beziehungsweise 31 Tagen. Am Jahresende klafft zwischen Mond und Sonne ein Loch der Finsternis. Es sind exakt jene zwölf 24-Stunden-Einheiten, die als »Zwölften« Teil des Aberglaubens geworden sind. In ihnen ist jede Ordnung aufgehoben. Sie sind frei gestaltbarer Raum. Die einzige Ordnungsmacht in dieser Zeit ist die Percht. Sie sorgt dafür, dass unser Zuhause, also unser Leben, aufgeräumt ist.

Die Nächte zwischen der Zeit führen uns Gegensätze vor Augen. In ihnen bedingen sich Vergangenheit und Zukunft, Licht und Dunkel. Die Natur ruht. Und auch wir tun gut daran, alle Viere von uns zu strecken. Ich finde, wenn wir mit der Natur im Einklang sind, schöpfen wir aus dieser freiwilligen Auszeit Kraft. Wir können in diesem Freiraum ganz zu uns selbst kommen. Er ist für uns wie eine Schutzhütte, in der wir nach anstrengender Wanderung einkehren. Mag es draußen stürmen und toben, innen – umhüllt von der wohligen Wärme des Kachelofens, das Knacken der Holzscheite im Ohr – umfängt uns Ruhe und Gelassenheit. Die Zeit der Raunächte ist also eine der inneren Einkehr. Eine Zeit, um sich gegenseitig Geschichten zu erzählen.

Und eine Zeit der Rituale. Rituale sind Ausdruck unserer Sehnsucht nach Einfachheit, nach Natürlichkeit, nach dem Althergebrachten. Unsere Welt ist hektisch, laut und betriebsam, gerade im Advent. Eine Zeit, die nur mehr in Liedern als »stad« besungen wird. Gerade aber in Krisenzeiten ist der Wunsch nach Ruhe und Rückzug übergroß. Ich selbst habe mich immer wieder nach dem tieferen Sinn meines Lebens gefragt. Die Zeit der Raunächte gibt uns die Möglichkeit, ohne Zwang unser Leben zu hinterfragen. Und aus diesen Fragen die Antworten für das kommende Jahr zu ziehen.

Schon lange haben wir unbemerkt unseren sicheren Halt verloren. Wir wissen plötzlich nicht mehr, was richtig und was falsch ist. Der Glaube als Sicherheit schenkende Instanz ist uns bereits länger verloren gegangen. Die Amtskirche ist nicht mehr der Ort, der Schutz gibt. Die Mystik, das Übersinnliche hingegen gibt uns Hoffnung. Die Realität ist gnadenlos, der Druck des Alltags gerade in der heutigen Zeit unmenschlich. Wir suchen eine Welt, die Lösungen bietet. Und finden sie im Märchen, in der Sage, im Ritual. Verloren in der unbarmherzigen Wirklichkeit, leuchtet uns barmherzig – die Mystik.

Die geschenkte Zeit zwischen Mond- und Sonnenkalender bietet die Gelegenheit, uns vom Wirrwarr des Alltags zu befreien. Ich selbst habe bereits vor einigen Jahren damit begonnen, ein Tagebuch zu führen. Es ist ein überschaubares Projekt, eines mit klarer Struktur und einem Ablaufdatum: zwölf Tage, zwölf Seiten. Jahr für Jahr. Dabei folge ich einem immer wiederkehrenden Ritual. In der blauen Stunde setze ich mich an den Schreibtisch, zünde eine Kerze an, sammle mich im Flackern des Kerzenlichtes und schreibe nieder, was mich untertags bewegt hat. Sie müssen kein Schriftsteller sein, um meinem Beispiel zu folgen. Alles, was Sie brauchen, sind ein Blatt Papier, ein Bleistift und einige Minuten Zeit. In den zwölf Kapiteln des Buches schaffe ich Platz für Ihre Gedanken, gebe Ihnen also im übertragenen Sinn das Blatt Papier in die Hand. Sie müssen sich am Ende der Lektüre nur mehr die Zeit nehmen, um den Bleistift zu spitzen. Der Rest ergibt sich wie von selbst.

Ein Bleistift ist ein ebenso sinnliches wie Sinn stiftendes Werkzeug. Was immer ich mit ihm zu Papier bringe, mit dem Radiergummi kann ich es ausradieren. Ich kann also, ohne Spuren zu hinterlassen, korrigierend in das Geschehen eingreifen. Wie oft wünschen wir uns, Geschehenes ungeschehen zu machen, korrigierend in unsere Gedankenwelt einzugreifen. Die Raunächte sind so eine Zeit der Korrektur. Sie stehen am Ende des alten und am Anfang des neuen Jahres. Mit dem Räuchern haben wir die Möglichkeit, negative Gedanken loszulassen. Gleichzeitig dienen die Räuchergänge dem Schutz und der Abwehr von Krankheiten. Ob mit Weihrauch oder geweihten Kräutern, die schädlichen Einflüsse unserer Umwelt lassen sich mit diesem simplen Ritual »ausradieren«.

Oder, um ein aktuelles Beispiel zu verwenden: Wenn wir schon permanent zum Desinfektionsmittel greifen, dann gibt es kein besseres als den Wacholder. Wer mit ihm räuchert, der reinigt Haus, Hof und seine Gedanken.

# Kleines Räucher-Einmaleins

von Doris Kern

*D*as Ritual des Räucherns spielt in der dunklen, mystischen Zeit der Raunächte eine bedeutsame Rolle. Räuchern mit Kräutern und Harzen hat eine lange Tradition. Es wird dabei um Schutz für den ganzen Hof gebeten. Mensch und Tier sollen gesund bleiben, und man hofft auf ein gutes und ertragreiches neues Jahr. Die gesamte Familie geht dabei mit dem Räucherwerk durch alle Räume des Hauses. Auch der Hof und der Stall werden besucht und ausgeräuchert.

Unter den zwölf Raunächten gibt es vier bedeutsame Nächte zum Räuchern. Die Thomasnacht von 21. auf 22. Dezember, Heiligabend von 24. auf 25. Dezember, Silvester von 31. Dezember auf 1. Jänner und die Nacht der Heiligen Drei Könige von 5. auf 6. Jänner. Dieses Büchlein enthält zu jeder dieser besonderen Nächte eine Räuchermischung, die Sie dazu einlädt, die Kraft und Magie des Rauches selbst zu erleben.

Es gibt verschiedene Möglichkeiten zu räuchern. So kann entweder Kohle oder ein Stövchen verwendet werden. Beide Varianten sind eine wunderbare Möglichkeit, den Duft der Kräuter und Harze zu genießen. Für die Zubereitung der Räuchermischungen werden die Kräuter und Harze mit dem Mörser zerkleinert, sodass sich alle Zutaten gut verteilen. Die fertige Mischung bewahrt man am besten in kleinen Gläsern auf. Ganz wichtig ist, sich beim Räuchern auf seine Intuition zu verlassen – ändern Sie die Rezepte also gerne nach eigenem Empfinden ab.

Räucherzubehör: Mariengraszopf, Bürste zum Reinigen, Weihrauch, Kräutermischungen, Räucherfeder, Propolis, Kohle und Räucherzange

# RÄUCHERN MIT KOHLE

Wunderbaren Rauch erzielt man beim Räuchern mit Kohle. Es ist wohl die urtümlichste Art der Räucherkunst und eignet sich besonders gut für Hausräucherungen, Rituale und Zeremonien. Verwendet wird Räucherkohle, die im Handel erhältlich und sehr einfach anzuwenden ist. Wenn man einen Holzofen zu Hause hat, kann man auch die Glut dafür verwenden. Beim Räuchern geht man mit dem Räuchergefäß durch jeden Raum und verteilt den Rauch. Dabei folgt man seiner Intuition, in welcher Reihenfolge die Räume aufgesucht werden, wie lange und wie stark geräuchert wird. Im Anschluss sollten die Räume immer gut gelüftet werden.

**FOLGENDE MATERIALEN WERDEN BENÖTIGT**

- Feuerfestes Gefäß (Räucherschale, Räucherkelch oder Räucherpfanne)
- Räucherkohle
- Kerze
- Feuerzeug oder Streichhölzer
- Zange
- Räuchersand
- Räucherwerk
- Feder zum Verteilen des Rauches (optional)

**SO WIRD'S GEMACHT**

Zunächst wird Räuchersand, etwa 2-3 cm hoch, in das Räuchergefäß gefüllt. Der Sand absorbiert die Hitze und sorgt für eine gute Belüftung der Räucherkohle, die dann besser abbrennen kann.

Anschließend wird die Räucherkohle entzündet. Dafür wird das Kohlestück am besten mit der Zange aufgenommen und in die Kerzenflamme gehalten. Wichtig ist, dass die Kohle komplett durchgeglüht ist, bevor man das Räuchergut auflegt. Sie bekommt dann eine gräulich aschige Farbe. Nun kann ein Teelöffel der Räuchermischung auf die Kohle gelegt werden. Es wird sofort duftender Rauch aufsteigen. Etwas Sand auf der Kohle hilft, die Kräuter nicht sofort zu verbrennen. Feine Blütenblätter können auch neben die Kohle gelegt werden, die Hitze reicht dort aus.

Ist die Räuchermischung verglimmt, können die Reste mit der Zange oder einem kleinen Löffel entfernt und neues Räuchergut auf die Kohle gelegt werden. Dieser Vorgang kann so oft wiederholt werden, bis die Kohle verglüht ist.

# RÄUCHERN MIT DEM STÖVCHEN

Sehr praktisch ist das Räuchern mit einem Stövchen, da die Rauchentwicklung minimal ist und es sehr einfach in den Alltag integriert werden kann. Besonders gut dafür eignen sich zarte Kräuter und Blüten, da die Hitzeentwicklung nicht so hoch ist wie bei der Kohle. Die Kräuter werden dennoch so gut erwärmt, dass sie ihren feinen Duft abgeben und uns damit bereichern.

**FOLGENDE MATERIALEN WERDEN BENÖTIGT**
- Räucherstövchen mit Sieb
- Teelicht
- Feuerzeug oder Streichhölzer
- Zange oder Löffel
- Räuchermischung

**SO WIRD'S GEMACHT**

Das Teelicht anzünden und in das Stövchen stellen. Danach das Sieb auflegen.

Feine Kräuter und Blüten eher am Rand des Siebes und nicht direkt über der Flamme platzieren. Durch die reduzierte Hitze wird eine zarte Duftabgabe über einen längeren Zeitraum gewährleistet.

Möchte man mehr Rauch erzielen, kann die Mischung auch direkt über der Flamme verteilt werden.

Werden Harze verwendet, ist es ratsam, ein Lorbeerblatt oder ein kleines Stück Alufolie über das Sieb zu legen, da es sonst zu sehr verklebt. Dieses kann mit einer Drahtbürste über einer Kerzenflamme wieder gereinigt werden.

Der erste Räuchergang findet zur Wintersonnenwende statt, am 21. Dezember. Der Tag ist dem Apostel Thomas gewidmet, dem »Zweifler« unter den Jüngern Jesu. Der ungläubige Thomas mochte erst an Jesus Auferstehung glauben, als er seinen Finger in dessen Seitenwunde legte. Der 21. Dezember ist der kürzeste Tag mit der längsten Nacht. Dunkelheit wurde einst mit Zweifel gleichgesetzt. Es lag daher nahe, diesem Tag den Namen des Zweiflers zu geben. Der Tag gehört zwar im weitesten Sinne nicht zu den Raunächten, steht allerdings am Anfang des engeren Weihnachtsfestkreises. »Thuma kehrt den Tag uma«, heißt es im Volksmund. Die Tage werden also wieder länger. Der kürzeste Tag des Jahres aber wurde einst gefeiert, als gäbe es kein Morgen.

Der 21. Dezember war traditionell der große Schlachttag im Jahr. Das ganze Jahr über lebten die Bewohner der Bauernhöfe von dem, was die Erde hergab. Fleisch kam selten auf den Tisch. Auch, weil es verderblich war. In der kalten Jahreszeit allerdings konnte man es lagern. Daher gab es am Tag der Thomasnacht den »Sautanz«. Da wurde die »Mettensau« geschlachtet, für die Schweinsbratwürste in der Heiligen Nacht.

Der Wohlstand hat uns sorglos gemacht. Mit der Sorge um das Schwinden dieses Wohlstands beschäftigen uns wieder Themen wie Selbstversorgung und die Unabhängigkeit von globalen Wirtschaftskreisläufen. Der Bauer von einst war freigespielt von solchen Überlegungen. Als Selbstversorger schuf er sich seinen eigenen Wirtschaftskreislauf. Zu diesem Kreislauf gehörte das Schlachten der Sau. Eine Sau war wie eine lebende Vorratskammer. Übers Jahr wurde sie fett gemästet, um vor Weihnachten verarbeitet zu werden. Deshalb heißt der Thomastag auch

»bluatiger Thomerl« oder »Sautag«, weil schier in jedem Haushalt am Land eine Sau abgestochen wurde.

Ich habe mich ausführlich mit dem Thema beschäftigt, beruflich und viel später auch privat. Beruflich habe ich für meinen Kinofilm *Der Blunzenkönig* einen alten Metzgerwirt von seinem allerletzten Sautanz träumen lassen. Privat habe ich erst lange nach der Filmpremiere an einem Schlachtfest teilgenommen. In meiner unmittelbaren Nachbarschaft pflegt Haubenkoch Max Stiegl gegen Ende des Jahres dieses kulinarische Brauchtum. Jahr für Jahr bin ich inzwischen zu Gast. Und beeindruckt von diesem Augenschmaus. Stiegl betreibt sein Lokal im ehemaligen Dorfwirtshaus. Im stimmigen Innenhof seines Guts Purbach liegen auf einem alten Hackstock Messer und Beile bereit. Über offenem Feuer ist die gusseiserne Pfanne arretiert. Der blank gescheuerte Holztrog steht bereit. In großen Kesseln aus Email dampft das Wasser. Im Mittelpunkt der Vorbereitungen auf die Schlachtung steht allerdings ein mannshohes Holzgestell: der »Saurehm«, auf dem die tote Sau zerlegt wird. Er steht am Ende einer Kette von Arbeitsschritten, die seit jeher unverändert ist. Mit dem Schlachtschussapparat wird die Sau betäubt und anschließend gestochen. Der leblose Körper wird mit siedendem Wasser aus den Feuertöpfen übergossen. Im Sautrog scheuern Helfer mit Ketten die Borsten ab. Wenn die Sau am »Saurehm« hängt, öffnet der Fleischermeister die straff gespannte Bauchdecke. Die Eingeweide quellen heraus: Köstlichkeiten wie Herz, Nieren und Leber. Max Stiegl verarbeitet sie noch körperwarm. Nie zuvor habe ich eine »gschmackigere« Leber – kurz geröstet und mit einer Messerspitze Majoran gewürzt – gegessen, als unmittelbar nach der Schlachtung.

Das Schwein wird an den Hinterbeinen an einem großen Holzgestell, dem »Saurehm«, aufgehängt. Vom eigenen Gewicht straff gespannt, kann nun die Bauchdecke sauber aufgeschnitten werden.

Für die meisten Menschen waren die Wochen nach dem Schlachttag die einzige Zeit des Jahres, in der es frisches Fleisch gab – eine Besonderheit. Das erklärt, warum der »Sautanz« als Freudenfest gefeiert wurde.

Nun wird das Schwein zerlegt. Aus dem frischen Fett werden Grammeln gelassen. Die Stelze, der Kopf und die Lunge werden im Topf mit Suppengemüse angesetzt. Das zähe Fleisch wird gehackt, faschiert und verwurstet. Die wohl bekannteste dieser Würste ist die Blutwurst, die »Blunzen«. Gekochte Lunge, Schwarten und etwas Fleisch werden fein geschnitten und mit frischem Blut und Gewürzen gemischt. Die Masse wird in den frischen Darm gefüllt und zieht anschließend in der Kochsuppe.

Einst galt der Weihnachtstag als Fasttag. Erst zur Bescherung am Abend gab es das Festessen, oftmals eine Bratwurst. Josef Wein, Sohn eines Bauern, erinnert sich an seine Jugend: »Das Räuchern der Würste, das Selchen, das ist eine ganz eigene Kunst gewesen. Man durfte nur mit hartem Holz wie der Buche oder der Eiche einheizen. Wichtig sind auch die Temperatur und die Dauer des Räucherns gewesen. Bratwürste sind nur kurz in der Räucherkammer gehangen. Wenn die Farbe passte, hat mein Vater sie abgenommen und mit Braterdäpfeln und knusprigem Bauernbrot serviert.«

Der Thomastag stand also ganz im Zeichen der Festlichkeit. Die Nachbarn kamen zusammen. Es wurde in der Gemeinschaft getrunken und gegessen. Man freute sich auf die ruhigen Tage, die man im Kreise seiner Nächsten verbrachte. Ein Sprichwort besagt: »Du sollst den Tag nicht vor dem Abend loben.« Daher vergaß man bei aller Geselligkeit nicht, an das Danach zu denken. Die Thomasnacht war die Nacht der Orakel und Weissagungen. Die Alten gingen mit Einbruch der Dunkelheit mit der Räucherpfanne durch die Stuben und in den Stall. Die Jungen stellten sich der Zukunft spielerisch. In geselliger Runde praktizierten sie den Brauch des »Hütlhebens«.

Am Esstisch lagen diverse Hüte. Unter jedem Hut verbarg sich ein anderes Symbol: für Liebe, Reichtum, Erbe, Tod, Unglück oder Glück. So begegnete man auf unterhaltsame Art und Weise seinem Schicksal. Das Hütlheben ist nur einer von vielen Orakelbräuchen. Einer jedoch, den wir noch heute unkompliziert praktizieren können. Im damaligen Kontext zu verstehen und heutzutage nicht mehr wirklich praktikabel sind die vielen anderen Bräuche, die hauptsächlich dem stark im Volk verankerten Aberglauben geschuldet waren. Was damals mit großer Ernsthaftigkeit durchgeführt worden ist, entbehrt heute nicht einer gewissen Ironie. Zum Schmunzeln bringen mich die vielen Fragen rund um das zukünftige Liebesglück. Der heilige Thomas ist schließlich der Schutzheilige der Liebenden. Er wurde daher als Experte in Fragen des Ehestandes zu Rate gezogen. Bauerndirndln, aber auch die Burschen gingen abends zum Gartenzaun, der im Idealfall aus Haselnuss gearbeitet war, fassten einen Pfahl und sprachen die salbungsvollen Worte:

> »*Gartenzaun, ich schütt'r dich,*
> *feines Lieb, ich witt'r dich.*«

Woraufhin ihnen der Wind die Namen der Liebsten ins Ohr flüsterte oder diese ihnen in einer Art Fata Morgana sogar leibhaftig erschienen. Es ging jedoch auch einfacher, konnten die Suchenden doch gleich anhand der Beschaffenheit des Pfahles das Aussehen ihrer Zukünftigen feststellen. Ein frischer Zaunstecken verhieß Jugendlichkeit, ein morscher Stecken Alter. Wer es sich, statt sich im unwirtlichen Freien herumzutreiben, im warmen Bett bequem machte, dem wurde die Zukunft um Punkt Mitternacht geweissagt. Es galt dafür nur, mit dem Glockenschlag aufzustehen, mit einem Fuß auf das Bett zu treten und, ohne sich umzudrehen, zu sprechen:

> *»Bettschemel, ich tritt dich,*
> *heilger Thomas, ich bitt dich,*
> *zeig mir mein zukünftig Liab.«*

Wer nicht an Bettflucht litt, der brauchte sich in der Thomasnacht nur kopfüber ins Bett zu legen. So ließ sich die Liebe des Lebens im Schlaf erträumen. Den Zweiflern, denen gerade in dieser Nacht die Eifersucht den Schlaf raubte, gab der heilige Thomas folgenden Ratschlag mit auf den Weg der Erkenntnis: Sie sollten mit einem Spiegel in der einen und einer Kerze in der anderen Hand ins Freie treten. Zur Geisterstunde würden sie im Schein des Kerzenlichtes im Spiegel sehen, was ihre Liebsten in eben diesem Augenblick taten.

Ich möchte den Ausflug in die vergangene Welt der Orakel nicht ohne einen Tipp beenden, der uns aller materiellen Sorgen entledigt. Wer von uns hat nicht schon einmal Lotto gespielt? Die wöchentliche Sendung der »Österreichischen Lotterien«, das elektronische Orakel von Delphi, verspricht uns eine strahlende Zukunft. Wir halten fiebrig die Lottoscheine mit den sechs Zahlen in der Hand und warten gespannt, ob wir die sechs richtigen Kästchen angekreuzt haben. Die sechsstellige Nummernfolge ist also das gewinnbringende Element in diesem Spiel. Daher: Verarbeiten Sie am Thomasabend Zettel mit Nummernkombinationen in Knödeln nach Ihrem Geschmack. Entscheidend für Ihre Zukunft ist nur, welcher Knödel zuerst an die Wasseroberfläche kommt. Dieser enthält nämlich den Sechser im Lotto. Und falls nicht: Wohl bekomm's!

# THOMASNACHT
*Reinigen und Orakeln*

Früher war die Thomasnacht der Tag des Orakelns. Man versuchte, mit verschiedenen, teilweise skurrilen Bräuchen die Zukunft vorauszusagen. Auch die Kraft der Kräuter spielt dabei eine Rolle. Misteln, Lorbeer und Holunder sollen den Geist öffnen und die Sichtweise erweitern. Die Thomasnacht ist eine gute Gelegenheit für eine reinigende und schützende Räucherung.

## RÄUCHERMISCHUNG FÜR DIE THOMASNACHT

- 1 Teil Beifuß
- 1 Teil Wacholderbeeren oder -nadeln
- 1 Teil Johanniskraut
- ½ Teil Salbei
- ½ Teil Engelwurzsamen oder -wurzeln
- 1 Teil Fichtenharz
- ½ Teil Weihrauch

---

**Beifuß** zu Räuchern hat eine lange Tradition. Kelten und Germanen nutzten ihn zum Schutz vor Bösem. Er gilt als eine der bedeutsamsten heimischen Schutz- und Heilpflanzen. Seine reinigende Wirkung lädt ein, in sich zu gehen und Altes loszulassen. Als Mutter der Kräuter, wie der Beifuß auch genannt wird, aktiviert er unsere Selbstheilungskräfte und stärkt uns.

Der würzige Duft der **Wacholderbeeren und -nadeln** hat eine keimtötende Wirkung. Diese erkannte man schon früh. Zu Pestzeiten wurden in den Straßen große Wacholderfeuer entzündet, welche die Menschen vor der tödlichen Krankheit schützen sollten. Zudem sorgt Wacholder für ein angenehmes Raumklima und trägt zu einem erdverbundenen und sicheren Gefühl bei.

**Johanniskraut** wird oft zur Sommersonnenwende gesammelt und trägt die geballte Kraft der Sonne in sich. Es sorgt für eine positive Stimmung und kann dunkle Wolken nach einem Streit auflösen. Sprichwörtlich lässt es die Sonne auch in unseren vier Wänden scheinen. So werden wir eingeladen, wunderbare Raunächte zu feiern.

**Salbei** ist auf der ganzen Welt als Räucherpflanze bekannt. Besonders geschätzt wird seine reinigende Kraft. Er verdrängt negative Energien und Ärger – schlechte Gedanken können wir so einfacher hinter uns lassen. Beim Räuchern sollte das Fenster etwas offen gelassen werden, damit ungewollte Energien hinaus strömen können. Die befreiende Räucherung trägt zum Wohlgefühl bei und lässt uns wieder klare Gedanken fassen.

Die **Engelwurz** ist eine besondere Pflanze, die das Licht der Sonne in sich aufnimmt und es von der Blüte bis zu den Wurzeln transportiert. Beim Räuchern symbolisiert sie Schutz. Der würzige Rauch der Pflanze legt sich wie ein warmer Mantel um uns und begleitet uns sicher. Auch in alten Gemäuern, die schon viel erlebt haben, reinigt die Engelwurz und löst so manches Festgefahrene.

Früher, als Weihrauch für viele Menschen noch unerschwinglich war, wurde viel mit **Fichtenharz** geräuchert. So nannte man es auch »Weihrauch der heimischen Wälder«. Das Harz, welches im Handel auch unter dem Namen »Burgunderharz« zu finden ist, hat einen kräftigen, waldigen Duft. Es sorgt ebenso für eine reinigende Wirkung und klärt die Atmosphäre. Es desinfiziert Räume und fördert unsere Konzentration. Dabei ist es wichtig, getrocknetes und kein frisches Harz zu verwenden.

**Weihrauch** ist wohl das bekannteste Harz zum Räuchern. Es duftet intensiv und leicht süßlich. Dabei hat es eine segnende und heilende Wirkung. Der Rauch beruhigt und reinigt. Er fördert die Konzentration und neutralisiert ungebetene Energien.

*Wenn St. Thomas*

*dunkel war,*

*gibt's ein schönes*

*neues Jahr.*

Der Thomerl fällt noch in die Vorweihnachtszeit. Eine Zeit, die ich in Erinnerung an meine Kindheit mit Kletzenbrot, Nüssen, Rosinen, Honig und Zimt gleichsetze. Das Keksebacken mit meinen Geschwistern unter der Anleitung unserer Mutter. Der Früchtetee zum Gebäck, abends, wenn unser Vater nach Hause kam. All das sind idyllische Erinnerungen, die mit der Gegenwart nichts mehr zu tun haben. Ich würde den Advent verklären, wenn ich die hektische Konsumzeit vor Weihnachten nostalgisch schilderte. Stattdessen macht sich immer öfter Hektik in den 24 Tagen vor Weihnachten breit. Wir hetzen von einer Betriebsfeier zur anderen, erledigen eine Aufgabe um die andere. All das, um völlig erledigt in die Feiertage zu gehen. Wie anders sind da die Erinnerungen der alten Bäuerin Marianne Handler, die von den Spinnabenden vor Weihnachten erzählt. In den Raunächten selbst mussten ja alle Spinnräder stillstehen. Da durfte einzig Erzählgarn gesponnen werden. Doch bis dahin ging es munter zu an so einem langen Winterabend in der guten Stube. Marianne Handler erinnert sich an die beiden Spinnräder, die im Takt surrten. Auf dem einen wurde grobes Garn gesponnen für Leinen, Tischtücher und Strohsäcke. Auf dem anderen wurde feines Garn für Hand- und Leintücher gemacht. Ein beliebtes Weihnachtsgeschenk waren Socken und Fäustlinge aus Schafwolle. Die Altbäuerin erzählt: »Im Frühjahr sind die Schafe geschoren worden. Mit den ersten Sonnenstrahlen ist die Wolle im Sautrog gewaschen und von Sonne und Wind getrocknet worden. Dann wurde sie nochmals gereinigt und zerfasert. Dafür gab es ein Bankerl mit einem Aufsatz und zwei Brettern mit Drahtstiften. Damit habe ich die Wolle gekämmt und sie anschließend zu Garn versponnen.«

Spinnen ist ein gutes Stichwort. Spinnen wir nun gemeinsam das Garn guter Geschichten. Hocken wir uns rund um den großen Tisch der alten Stube. Die Holzscheite knacken. An den Fensterläden rüttelt der Wind. Draußen mag es unheimlich zugehen, aber drinnen wird uns warm ums Herz, wenn wir den Erzählungen aus den zwölf Raunächten lauschen. Horchen wir hinein in die Geschichten von Peter Roseggers Christnachtwanderung, von der Niederwildjagd im burgenländischen Seewinkel. Hinein in die Sandler Sagen und die Almtaler Märchen. Hinein in die Beschreibung der Figuren der Wilden Jagd in Salzburg und der Pehtra Baba in Kärnten. Machen wir einen Gedankengang durch den Wald. Und räuchern wir im Kleinwalsertal in Vorarlberg Haus und Hof. Wenn wir uns nach dem Ausflug aufs Land wieder in der Stube versammeln, duftet frisch das Gebildbrot und aus dem Radio erklingt vertraut die Pummerin des Wiener Stephansdoms. Stimmen wir uns gemeinsam auf die Raunächte ein, mit der berühmtesten Weihnachtsgeschichte des Alpenlandes, jener von Karl Heinrich Waggerl: *Worüber das Christkind lächeln musste*. Ich zitiere kurz daraus:

*[Der Floh] schlüpfte [...] dem göttlichen Kinde ins Ohr. »Vergib mir! [...] Ich verschwinde gleich wieder [...].« »Spring nur!«, sagte das Jesuskind unhörbar, »ich halte stille!« Und da sprang der Floh. Aber es ließ sich nicht vermeiden, dass er das Kind ein wenig kitzelte [...]. »Ach, sieh doch!« sagte Maria selig, »es lächelt schon!«*

# BLUNZENGRÖSTL

### ZUTATEN FÜR 2 PERSONEN
- 2 EL Öl
- 2 kleine Zwiebeln
- 500 g gekochte Erdäpfel
- 2 Msp. Salz
- 2 Brat-Blutwürste

### ZUBEREITUNG
Öl erhitzen. Zwiebeln würfeln und im heißen Öl anlaufen lassen. Geschälte Erdäpfel in Salzwasser kochen, blättrig schneiden und mit den Zwiebeln und dem Öl vermischen. Die Blutwürste mit einer Stricknadel rundherum anstechen, damit sie beim Braten nicht platzen. Blutwürste in die Pfanne geben und zehn Minuten knusprig braten.

# I

Peter Roseggers Christnacht

»WER SICH ZEIT NIMMT,
DER HAT SIE.«

Auf meinem Schreibtisch steht im Advent ein anheimelndes Holzobjekt. Es stellt ein Dorf im Scherenschnitt dar: eine Laubsägearbeit. Drei Gebäude sind es, die dieses Dorf bilden. Die Kirche und rechts und links davon ein Privat- und ein Geschäftshaus. Das Geschäft hat eine Auslassung für das Schaufenster. Es wird von einem Zaun begrenzt. Zwei Laternen stehen zwischen den Gebäuden. Zierliche Figuren ergänzen das Bild vom Dorf. Ein Mann mit Zylinder und Schal und ein kleines Kind tragen den Christbaum ins Haus. Vor der Kirche haben die Drei Könige Aufstellung genommen. Ein Bursche mit Pudelmütze baut einen Schneemann.

In der blauen Stunde drücke ich einen winzigen Schalter an der Bodenplatte. Das Dorf erstrahlt im Lichterglanz. Abend für Abend erfreue ich mich an dem beleuchteten Laubsägedorf. Dann träume ich mich in die Kindheit zurück. In eine Vorweihnachtszeit geprägt von Schneeflocken, von Weihnachtsmusik aus dem Radio, von Adventkränzchen im Kreis der Familie. Ein Lied hallt in mir nach: »Aber Heidschi Bumbeidschi bum bum.«
Am Weihnachtsabend umfängt mich in meinem Wohnort Purbach klare, klirrende Abendluft. Der weiß schimmernde Mond weist mir den Weg. Von meiner Haustür bis hinauf zur Kirche ist der weiße Teppich ausgerollt. Über Nacht hat es endlich geschneit. Zarte Schneeflöckchen tänzeln in der Luft. Ein Meer goldgelber Glühwürmchen empfängt mich. Der Friedhof liegt schwarz da. Ich stelle mich im Dunkel der Friedhofsmauer hin und tauche

aus der Vogelperspektive in das goldgelbe Lichtermeer ein. Es scheint, als würden die Glühwürmchen über die Dachlandschaft der kleinen Stadt fliegen. Als würde das Lichtermeer die Ortschaft fluten. Gefühle überschwemmen mich, die zu beschreiben ich der Worte nicht mächtig bin. Ich gehe in die Mitternachtsmette. Die Lichter im Kirchenschiff gehen aus. Die Mitglieder des Chores schreiten mit Kerzen in der Hand durch den Mittelgang. Sie stimmen den Andachtsjodler an:

»*Tjo, tjo i ri, tjo, tjo i ri, tjo tjo ri ridi, ho e tjo i ri.*«

Mir kommt diese Erinnerung in den Sinn, als ich die Erzählung *In der Christnacht* in Peter Roseggers *Als ich noch der Waldbauernbub war* zur Hand nehme. Wie lange ist es her, seit mich die Momentaufnahme gerührt, der Jodlerklang berührt hat? Einige wenige Monate – und trotzdem klingt der Jodler in mir nach als Widerhall einer längst vergangenen Zeit. Die Realität ist eine veränderte – in der Literatur jedoch bleibt alles beim Alten.

Worte der Poesie sind nicht vergänglich. Die Erzählung von Peter Rosegger heimelt mich gerade jetzt, in dieser unchristlichen Gegenwart, besonders an. Rosegger erzählt darin von seinem ersten Besuch der Mitternachtsmette. Zur Kirche geht er noch an der Hand des Großknechtes. Bei der Rückkehr verliert sich die Spur des Erwachsenen und der kleine Waldbauernbub Peter verirrt sich im Wald. Ausgerechnet von einer am Hof seines Vaters geringschätzig angesehenen Hausiererin, dem »Mooswaberl«, wird er halb erfroren gefunden. Die Alte bringt ihn behütet nach Hause und wird fortan in die Hofgemeinschaft aufgenommen. Eine Geschichte über Vorurteile und wie sie sich von selbst lösen. Im Mittelpunkt steht für mich aber eine der stimmigsten Beschreibungen der Mitternachtsmette.

In unserem Drang nach immer kommerziellerer Ausrichtung des Weihnachtsfestes gerät dieses Hochfest zu Ehren Jesu Geburt mehr und mehr aus unserem Blickwinkel. Dabei hat diese Messe – egal, ob im modern ausgestalteten Kirchenschiff einer Großstadt oder in einem modernden Bergkirchlein – einen geradezu meditativen Charakter. Ich persönlich kenne im Verlauf des Jahres kein anderes Ereignis, das unseren Gemeinschaftssinn mehr schärft als die Mette, die vom 24. Dezember überleitet in die erste Raunacht, die Christnacht. In der steirischen Waldheimat haben die Tourismusverantwortlichen den beschriebenen Gang von Roseggers Geburtshaus am Alpl zur Kirche in Sankt Kathrein als Wanderweg ausgeschildert. Der Fotograf Jakob Hiller, ein Krieglacher wie Rosegger, ist ein profunder Kenner des Beinahe-Nobelpreisträgers. Sein im Verlag Hiller erschienenes Buch *Peter Rosegger & Die Alpen* und seine Wegbeschreibung dienen mir als Orientierung. Wandern Sie mit mir gemeinsam den »Christmettenweg«, im Rucksack jene Zeilen von Rosegger, die uns ans Ziel führen, zur Kirche am Hauenstein.

Gleich nach der vom Dichter gegründeten Waldschule gibt es einen Parkplatz. Über einen Forstweg geht es zu Fuß zum Ausgangspunkt der Wanderung, dem Kluppeneggerhof. Das Geburtshaus von Peter Rosegger ist heute ein Museum. Die oftmals beschriebene Bauernstube wurde vorbildhaft renoviert. Ein Besuch lohnt sich, um sich in die geschilderte Zeit Mitte des 19. Jahrhunderts hineinzuversetzen. Nach etwa einer Stunde bergan erreichen wir das Lentkreuz. Immer wieder haben wir bis dahin Lichtungen passiert, die den Blick auf die Landschaft freigeben.

Der Kluppeneggerhof, das Geburtshaus von
Peter Rosegger. Hier schrieb er sein erstes Gedicht,
das von seiner »Priftasche« handelt.

*Die Lichter, die wir nun auf den Bergen und im Tal sahen, wurden immer häufiger, und nun merkten wir es auch, dass sie alle der Kirche zueilten. Auch die kleinen, ruhigen Sterne der Laternen schwebten heran, und auf der Straße wurde es immer lebhafter. Das kleine Glöcklein wurde durch ein größeres abgelöst, und das läutete so lange, bis wir fast nahe zur Kirche kamen.*

Beim Lentkreuz geht es auf einen Forstweg, der durch Waldgebiet und über eine Alpenwiese führt, bergauf nach Sankt Kathrein am Hauenstein. Vor uns liegt das Gehöft Hochegger, einer von den Höfen, die es bereits zu Lebzeiten des Schriftstellers gab. Von hier aus haben wir einen sagenhaften Blick über das Stuhleck und den Hochwechsel.

*Als die Leute an die Kirche gekommen waren, steckten sie ihre Lunten umgekehrt in den Schnee, dass sie erloschen [...]. Jetzt klang auf dem Turm in langsamem, gleichmäßigem Wiegen schon die große Glocke. Aus den schmalen, hohen Kirchenfenstern fiel heller Schein [...]. Endlich klangen alle Glocken zusammen, in der Kirche begann die Orgel zu tönen, und nun gingen wir hinein [...]. Die Lichter, die auf dem Altar brannten, waren hellweiße, funkelnde Sterne, und der vergoldete Tabernakel strahlte gar herrlich zurück [...]. Viele hatten Kerzen vor sich brennen und sangen aus ihren Büchern mit [...].*

Es geht bergab, vorbei an der ehemaligen Mühle des roseggerschen Stammhauses. Wer Rast machen möchte, kann dies bei der Ziegenkäserei Grabenhofer vulgo dem »Almbauer« tun. Bei einem Sägewerk geht es weiter über eine asphaltierte Straße in Richtung Bergdorf Sankt Kathrein.

*Wie's Adam

und Eva spend't

bleibt das Wetter

bis zum End.*

*[Der Großknecht] hob [...] mich auf einen Schemel zu einem Glaskasten empor [...]: »So, jetzt kannst das Kripperl anschauen.« [...] Ich sah die Dinge an. Außer der Mutter Maria, welche über den Kopf ein blaues Tuch geschlagen hatte, das bis zu den Füßen hinabging, waren alle Gestalten, welche Menschen vorstellen sollten, so gekleidet wie unsere Knechte oder wie ältere Bauern. Der heilige Joseph selbst trug grüne Strümpfe und eine kurze Gamslederhose.*

Wir kommen an einer noch funktionierenden Schaumühle vorbei. Im Blickwinkel haben wir bereits das Kathreiner Schlössl und gleich danach ein Ausstellungsgebäude, das dem zu seiner Zeit neben Jules Verne erfolgreichsten Romancier der Welt gewidmet ist. Ein Aufgang führt zur lebenslangen Lieblingskirche von Peter Rosegger. Zur Erinnerung an ihn wurde neben der Kirche ein Denkmal errichtet. Doch mehr als das gusseiserne Profil sind mir die Zeilen seiner Christnachterzählung vertraut.

*Als [der Gesang] zu Ende war, [...] ging der Kirchenmann herum und zündete alle Kerzen an, die in der Kirche waren, und jeder Mensch, auch der Großknecht, zog nun ein Kerzlein aus dem Sack und zündete es an und klebte es vor sich auf das Pult [...]. Auf dem Chor stimmte man Geigen und Trompeten und Pauken [...]. Weihrauch stieg auf und hüllte den ganzen lichterstrahlenden Hochaltar in einen Schleier [...]. Tief nahm ich sie auf in meine Seele, die wunderbare Herrlichkeit der Christnacht [...]. Aber während die Musik tönte, dachte ich an Vater und Mutter und Großmutter daheim. Die knien jetzt um den Tisch bei dem einzigen Kerzenlichtlein und beten, oder sie schlafen gar, und es ist finster in der Stube, und nur die Uhr geht, sonst ist es still, und es liegt eine tiefe Ruhe über den waldigen Bergen und die Christnacht ist ausgebreitet über die ganze Welt.*

*Als endlich das Amt seinem Ende nahte, erloschen nach und nach die Kerzlein in den Stühlen, und der Kirchenmann ging wieder herum und dämpfte mit seinem Blechkäppchen an den Wänden und Bildern und Altären die Lichter aus [...]. Als wir in das Freie kamen, [...] warf [ich] noch einen Blick auf die Kirchenfenster; aller Festglanz war erloschen, ich sah nur mehr den matten, rötlichen Schimmer des Ewigen Lichtes.*

# HOADNSTERZ MIT RAHMSUPPE

**ZUTATEN FÜR 10 PORTIONEN**
- 500 g Heidenmehl (Buchweizen)
- 2 l Wasser
- 100 g Fett
- 50 g Grammeln
- Salz

**ZUBEREITUNG**

Das Heidenmehl in siedendes Salzwasser geben, bis sich ein großer Knödel bildet. Diesen lässt man 30 Minuten kochen. Wasser abgießen. Das Fett in einer Pfanne erhitzen und die Grammeln dazugeben. Im Anschluss den Knödel mit einer großen Gabel verrühren und das heiße Fett mit den Grammeln darüber geben.

# HEILIGABEND
*Gute Energie und Geborgenheit*

In vielen Teilen dieser Welt sind der 24. und 25. Dezember wichtige und besondere Tage. Wir feiern die Geburt Jesu! Dafür schmücken wir unsere Häuser und Wohnungen und beschenken uns gegenseitig. Es ist ein Fest der Freude, aber dennoch stauen sich durch Stress und zu hohe Erwartungen oft negative Energien auf. Die reinigende Räuchermischung für Heiligabend wird viele dieser Energien auflösen, sodass wir in Einigkeit und Harmonie Weihnachten feiern können. Sie bringt uns viel Positives, öffnet unsere Herzen und verströmt ein Gefühl von Geborgenheit.

## RÄUCHERMISCHUNG FÜR DEN HEILIGEN ABEND

- 2 Teile Rosenblätter
- 1 Teil Quittenkerne und -schalen
- 1 Teil Propolis
- ½ Teil Styrax
- ¼ Teil Weihrauch

---

**Rosen** stehen für die Liebe. Die duftenden Blätter sorgen für Harmonie, Wohlbefinden und Sinnlichkeit. Am Heiligabend bringen sie eine friedvolle Stimmung und segnen gleichzeitig unsere Räume.

**Quittenfrüchte** verströmen im Herbst einen einhüllenden Duft. Schalen und Kerne, die man bei der Zubereitung von Marmeladen nicht benötigt, können für den Räuchergang einfach getrocknet werden. Der feine Duft verzaubert uns und lässt uns das Herz und die Seele öffnen. Wir werden eingeladen, unsere warmherzige Seite zu zeigen und zu leben!

**Propolis** wird von Bienen zum Schutz ihres Volkes produziert. Mit dem duftenden Kittharz kleiden sie jede Ritze ihres Bienenstockes aus. Besonders wohltuend ist beim Räuchern der balsamische Duft, der schützend und segnend auf uns wirkt. Er beruhigt die Nerven und hilft, in Balance zu kommen.

**Styrax** ist ein Harz, das aus dem Storaxbaum gewonnen wird. Beim Räuchern entwickelt es einen sinnlichen Duft, der entspannt und beruhigt. Styrax baut emotionale Spannungen ab und vertreibt unsere Sorgen.

# RAUNACHT-TAGEBUCH

*I*ch weiß, Tagebücher schrecken ab. Überhaupt: Ein Buch zu schreiben, wirkt auf uns gemeinhin wie die Quadratur des Kreises. Es klingt nach dem steinigen Weg, dessen Ende nicht absehbar ist. Da hilft es auch nicht, wenn wir uns einreden, dieser Weg bestünde aus Etappen, es gäbe Weggabelungen, Raststationen. Wir sehen das Buch als unendliches Ding vor uns. Gleichzeitig wissen wir um die Endlichkeit des Tages. Und verwerfen das Vorhaben, ein Tagebuch zu schreiben, noch ehe wir es aufgenommen haben. Nichts klingt in unserer durchorganisierten Welt hohler als der Spruch: »Der Weg ist das Ziel.« Ein Weg, der sich nur über sein Ziel definiert, der lohnt nicht. Daher mein Tipp: Lassen wir die weisen Sprüche beiseite und organisieren wir unser Tagebuch neu. Nicht das jahrelang mit Tagesprotokollen gefüllte Buch ist unser Ziel, sondern die knackigere Variante der Zwölf-Tage-Gedanken.

Nehmen Sie sich in den Raunächten kurz bewusst Zeit dafür. Abends, in der blauen Stunde, oder am Morgen, gleich nach dem Aufstehen. Zünden Sie eine Kerze an, konzentrieren Sie sich auf das Flackern der Flamme und schreiben Sie nieder, was Sie an diesem Tag bewegt. In kleinen Häppchen: zwölf Tage, zwölf Seiten, zwölf Minuten. Das ist ein überschaubares Maß, um einen Gedanken zu formen. Als Anregung und Einstimmung gebe ich Ihnen einen kleinen Einblick in meine Schreibwerkstatt:

*Was wichtig ist, was unwichtig – in der »staden Zeit« verschiebt es sich. Das Außen wird zum Innen. Das, was mir am nächsten ist, ist das altmodisch-gelbliche Licht der Fadenlampe. Auf meinem Schreibtisch markiert sie einen Kreis. Nicht größer als ein A4-Blatt. Mein Aktionsradius. Vor mir liegt die Kladde mit Metallbeschlag. Ich blicke nach draußen. Die Helligkeit verschwindet, die Dunkelheit bricht ein. Ich nehme den Kolbenfüller zur Hand. Ziehe Tinte aus dem kleinen Fläschchen vor mir. Lege die Kladde zurecht. Ein Ritual. Ich schneide eine Zigarre. Zünde sie mit einem langen Streichholz an. Stoße Rauchwölkchen in die Dunkelheit. Die Gedanken formen sich wie von selbst. Werden zu ersten Notizen. Ich bringe sie zu Papier. Und blicke zurück – nach vorn.*

# ERSTE RAUNACHT
# 25. DEZEMBER

Wofür habe ich mir
heute Zeit genommen?

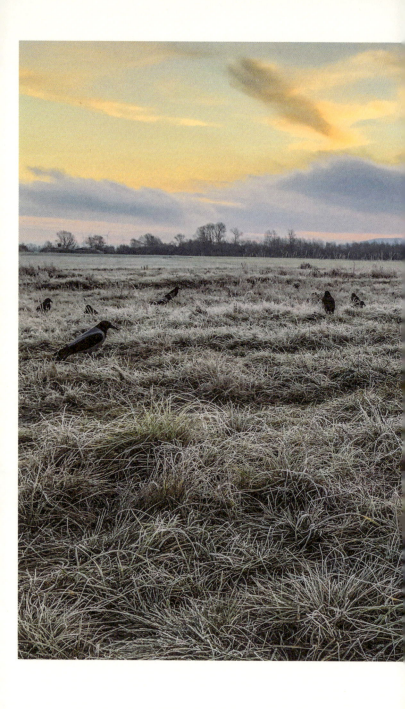

# II

*Niederwildjagd am Stefanitag*

*»SCHIESSEN IST LEICHTER ALS TREFFEN, TREFFEN LEICHTER ALS WEIDWERKEN, WEIDWERKEN HEISST ALLES IN ALLEM: SICH BEHERRSCHEN.«*

Der wahre Jäger ist in erster Linie ein Heger und Pfleger. Er pflegt sein Revier: das ihm anvertraute Stück Wald und Feld. Und er hegt das Wild, dessen natürlicher Lebensraum diese Landschaft ist. Die Jägerschaft und die Bauern sind in gewisser Weise voneinander abhängig. Ist es doch der Jäger, der das Wild und damit den Wildschaden für den Bauern in Grenzen hält. Daher hat das Jagen in unserer Kulturlandschaft noch heute seine Berechtigung. Bekanntlich gibt uns die Jagd seit den Anfängen der Menschheit die Möglichkeit der Nahrungsbeschaffung. Haubenkoch Helmut Österreicher hat mir einmal launig den Trugschluss veganer Ernährung erklärt: Wer meint, in der fleischlosen Ernährung sein Heil gefunden zu haben, pflanze sich nur selbst. Denn erst die ausgewogene Mischung aus Fleisch und Gemüse führe zu gesunder Ernährung. Woher das Gemüse kommt, weiß heute jedes Stadtkind. Der naive Glaube, Fleisch komme lediglich aus der Tiefkühltruhe, hält sich jedoch nach wie vor hartnäckig in der Großstadt.

Kinder am Land wachsen bereits mit dem Selbstverständnis auf: Wir essen Fleisch, das von einem zuvor getöteten Tier stammt. Der Trend geht zum Bioprodukt. Wildfleisch ist seiner Natur nach biologisch. In letzter Zeit geht die Jägerschaft neue Wege der Vermarktung und bietet gesundes, schmackhaftes Wildbret über eigene Plattformen an. Einer dieser Direktvermarkter ist der pensionierte Schuldirektor Josef Wein aus Purbach im Burgenland. Die Leidenschaft für die Jagd ist ihm in die

Wiege gelegt, war doch bereits sein Vater Jagdaufseher bei einem Wiener Fabrikanten. Josef Wein erinnert sich schmunzelnd an sein erstes Jagderlebnis, eine Schnepfenjagd: »Lautlose Stille umgibt meinen Vater und mich. Da verrät uns ein tiefes, froschähnliches Quorren den Langschnabel. Blitzschnell hält der Vater die Flinte an die Wange. In einem donnernden Knall kippt die Schnepfe ins dornige Unterholz. Da unser Jagdhund kurz davor gestorben ist, darf ich seine Rolle übernehmen. Ich schlüpfe ins Unterholz, dorthin, wo ich die Beute vermute, und nach einigem Suchen liegt der Vogel vor mir. Zitternd vor Freude halte ich die Jagdbeute in der Hand. Die winzigen Malerfedern und der kleine Schnepfenbart. Ich hab mich gar nicht sattsehen können an dem laubähnlichen Gefieder. Diese Freude beim bloßen Anblick der Beute ist mir bis heute geblieben.« Heute, als Pächter eines romantischen Jagdreviers im Leithagebirge. Von den Ausläufern des Waldes hat der Wanderer einen Weitblick auf den Neusiedler See und den gegenüberliegenden Seewinkel. Am Stefanitag findet in dem Gebiet traditionell die letzte Jagd der Saison statt: die Niederwildjagd. Unter Niederwild versteht der Jäger Fasane, Rebhühner, Enten, Gänse, Rehe und Hasen. Im burgenländischen Seewinkel findet dieses Wild den idealen Platz zum Leben. Äcker mit vorgelagerten Biotopen, Brachen und Wasserlacken, kleine Wälder und vor allem Windschutzgürtel bieten Unterschlupf. Der großflächige Gemüse- und Obstanbau mit seinen Bewässerungsanlagen sorgt für die Wasserversorgung der Tiere auf der weiten Flur. Das biologische Spritzmittel, mit welchem die Bauern im Seewinkel vermehrt gegen Unkraut und Ungeziefer vorgehen, schadet dem Wild nicht.

Die erste Niederwildjagd der Saison ist jene auf Rehe. Sie findet bereits um Ostern statt. Die Hauptsaison ist jedoch im Herbst. Abschluss der Jagdsaison ist die Stefanijagd am 26. Dezember. Jagen ist ein durch strenges Reglement in geordneten Bahnen stattfindendes Brauchtum. Es gibt einen behördlich verordneten Abschussplan und einen Wechsel von Schuss- und Schonzeiten. Bei der Niederwildjagd geht es darum, weite Feld- und Flurflächen zu bejagen. Hier ist nicht der einsame Weidmann gefragt, sondern die Jagdgesellschaft. Der Revierpächter lädt daher Gäste ein. Die Jägerschaft unterscheidet zwischen der Treibjagd und der Kreisjagd. Bei letzterer treiben zwei Jagdgruppen das Wild aufeinander zu und kreisen es ein. Gerade für diese Art der Jagd gibt es vom Jagdleiter die ausführliche Belehrung, was erlegt werden darf und wie man sich bei der Jagd zu verhalten hat. Oberstes Gebot ist dabei, das Wild weidgerecht zu erlegen. Um Jagdunfälle zu vermeiden, gilt ein striktes Alkoholverbot.

Weitaus bekannter als die Kreisjagd ist die Treibjagd. Die Jäger gehen mit Schrotgewehren bewaffnet in einer geschlossenen Reihe nebeneinander. Hermann Löns, ein deutscher Heimatdichter und passionierter Jäger, beschreibt den Umgang in seiner Erzählung *Mümmelmann* in dichterischer Ausschmückung: »Sie zogen aus, bis an die Zähne bewaffnet, an die dreitausend, an die dreihundert, an die dreißig, schrecklich anzusehen in ihrem Kriegsschmucke.«

Die geschlossene Reihe dient dazu, das Wild aus der Deckung zu locken. Weitschüsse sind verpönt. Geschossen wird aus knapper Entfernung, um das Tier mit dem ersten Schuss tödlich zu treffen und das Wildbret nicht zu stark in Mitleidenschaft zu ziehen. Wer aus ferner Distanz schießt, verletzt das Tier mit den ausstreuenden Schrotkugeln oft nur. Es verendet elend im Unterholz. Beim Jagen gilt nicht das Schießen, sondern die Treffergenauigkeit. Das sorgsame Verhalten und die persönliche Beherrschtheit zeichnen einen disziplinierten Weidmann aus. Gerade bei diesen Gruppenjagden kommt dem Jagdhund eine immens wichtige Bedeutung zu. Die blitzschnellen Assistenten auf vier Pfoten fangen verletztes Wild und bewahren es so vor dem Verenden, wenn bei aller gebotenen Sorgfaltspflicht der tödliche Schuss einmal nicht gelingt. Eine ganz andere Seite des Jagderlebens bieten allerdings die einsamen Wanderungen nach der Saison. Josef Wein gerät regelrecht ins Schwärmen: »Den verschneiten Winterwald umgibt der märchenhafte Zauber von Abgeschiedenheit und Stille.« Bei diesen Wanderungen trachte er nicht danach, das Wild zu erlegen. Nun gelte es, in der kargen Zeit die Futterkrippen mit frischem Heu zu füllen, zu beobachten und vor allem: zu staunen. Erfahrene Wildtiere würden in dieser Zeit rasch erkennen, dass die Jagd vorbei sei. Das mache die scheuen Tiere neugierig, ja sogar zutraulich. Rehe im grauen Winterfell stünden im Holz und beäugten ruhig den einsamen Wanderer. Der Specht hämmere unverdrossen am dürren Geäst. Von Ast zu Ast hüpften quirlige Eichkätzchen. Und der Eichelhäher ratsche krächzend. Der einzige Jäger sei dann der Mäusebussard, der zwischen den Ästen seine Kreise zieht, auf der Ausschau nach Beute.

Diese Beschaulichkeit winterlicher Wanderungen, die Eindrücke, die der Heger im Wald gewinnt, sie sind ein Kontrast zur fröhlichen Geselligkeit nach der Niederwildjagd. Diese endet traditionell mit dem sogenannten »Schüsseltrieb«. Über offenem Feuer wird im Kessel das

Wildgulasch gekocht. Direkt am freien Feld. Der Rauch steigt auf. Der würzige Duft von Kräutern und frischem Wild liegt in der Luft. Gegen die klirrende Kälte hilft heißer »Jagatee« mit einem Schuss Selbstgebranntem. Die Jägerschaft versammelt sich um das Feuer. Das Wildgulasch wird im Stehen aus dem Feldgeschirr gelöffelt. Ein Kanten Bauernbrot dazu. Eine Flasche Bier, frisch gekühlt aus dem Schneelager. Am Wegesrand liegt die »Strecke«. In Reih und Glied die erlegten Fasane, Enten, Gänse und Hasen.

Das Rezept eines »Hasen im Pfeffer« ist es auch, das mir Josef Wein bei unserem Gespräch verrät. Wir sitzen in seinem an einen Haubenkoch verpachteten Gourmetkeller, verkosten gute Weine und lassen uns kulinarisch verwöhnen. Umso mehr freue ich mich darauf, den Hasen am Stefanitag im Lokal serviert zu bekommen.

# HASE IM PFEFFER

## ZUTATEN FÜR 6 PERSONEN

- 1 Feldhase, zerteilt in Keulen, Schulter, Rücken, Herz, Magen und Leber

Für die Beize:
- 375 ml Rotwein
- 1 Schuss Essig
- 2 Handvoll gehacktes Gemüse (Lauch, Petersilienwurzel, Karotten, Zwiebel, Knoblauch)
- Wacholderbeeren
- Pfefferkörner
- 30 g Schmalz
- 1 EL Salz
- ½ TL Zucker
- 1 TL schwarzer Pfeffer
- 2 EL gehackte Petersilie
- 1 Zweiglein Thymian
- 1 Zitrone (auch etwas Abrieb der Schale)
- 30 g glattes Mehl
- 1 Becher Sauerrahm

## ZUBEREITUNG

Für die Beize Rotwein, Essig, das gehackte Gemüse, Wacholderbeeren und Pfefferkörner mischen. Den in Stücke zerteilten Feldhasen mindestens eine Nacht vorher in der Beize einlegen.

Die gebeizten Hasenstücke rundum in Schmalz anbraten und danach mit der zuvor abgegossenen Beize sowie dem Salz, dem Zucker, dem schwarzen Pfeffer, der gehackten Petersilie, dem Thymian, der Zitrone und dem Schalenabrieb kochen.

Wenn sich beim Kochen das Fleisch deutlich von den Knochen zu lösen beginnt, die Teile aus dem Sud nehmen und die gegarten Fleischstücke vom Knochen ablösen. Größere Stücke halbieren. Für die Einbrenn das Mehl in erhitztes Fett einrühren. Den Sud abseihen und mit der Einbrenn zu einer Soße köcheln lassen. Die Fleischstücke beigeben und kurz aufkochen. Zum fertigen Gericht nun noch den Sauerrahm zugeben. Dazu nach Belieben Beilagen servieren.

# ZWEITE RAUNACHT
# 26. DEZEMBER

Habe ich mich heute beherrscht?

# III

*Sagen aus Sandl*

## »I BIN DA MANDL AUS SANDL!«

Sandl, eine Gemeinde im oberösterreichischen Mühlviertel, ist Teil des Freiwaldes. Bekannt ist es als Dorf der Hinterglasmalerei. Gelebt haben die Menschen seit jeher von und mit dem Wald. Es gab Köhlereien, kleine Landwirtschaften, Glasbläserwerkstätten, den Forstbetrieb. Bis heute gibt es die Hinterglasmalerei. Hier lebt der »Mandl aus Sandl«: Josef »Luki« Mandl, ein leidenschaftlicher Laienschauspieler. Er ist einer, der im Zeitalter von Computer und Fernsehapparat ganz bewusst wieder die Tradition der Großfamilie aufleben lässt: »Ma håt si in da Stubm um den Ofen gsitzt und da Großvota håt den Kindern geheimnisvolle Gschichten erzählt.« Josef Mandl, pensionierter Werkmeister der ÖBB, ist der Sagenerzähler von Sandl in Oberösterreich. Er wohnt am Rande des Sagenwaldes. Und gerade aus dieser Nähe schöpft er seinen reichen Sagenschatz.

Der Wald um Sandl. Bis ins zwölfte Jahrhundert hinein war er ein Urwald. Mit den ersten Ansiedlungen wurde er zum Nutzwald. In Glashütten wurde das sogenannte »Waldglas« erzeugt. Im Laufe des 18. Jahrhunderts nahm der Brennholzbedarf, vor allem in der Stadt, stark zu. In dieser Zeit festigte sich der Ruf von Sandl als Holzhackerdorf. Sogar Frauen arbeiteten damals in der Holzwirtschaft. Sie setzten die Jungbäume und räumten nach der Schlägerung das Reisig aus dem Wald. In ihrer besten Zeit sicherte die Forstwirtschaft in Sandl 400 Arbeitsplätze. Menschliche Arbeitskraft, die durch die Mechanisierung nicht mehr gefragt war. Nach wie vor sind zwei Drittel des Ortsgebietes von Wald bedeckt. Statt Forstwirtschaft zu betreiben, setzt man heute auf sanften Tourismus. So können Frischlufturlauber »Waldluftbaden« gehen. Die Ortsansässigen lassen die Badehose daheim und schnuppern stattdessen die sagenhafte Luft entlang des Sagenwanderweges. Die mystischen Geschichten, die der Wald schreibt, haben Josef Mandl schon immer fasziniert. Geheimnisvolle Erzählungen, in denen bestimmte Steine, Häuser, Marterln, aber vor allem die Menschen eine Rolle spielen. Sein Onkel, der Heimat- und Ahnenforscher Rudolf Wagner, hat sich bei den alten Leuten umgehört. Der ehemalige Briefträger veröffentlichte zwei Bücher über alte Begebenheiten und fasste in einem Flurdenkmäler-Verzeichnis die Geschichten hinter den Gedenkstätten, den Kapellen und Marterln zusammen.

Sein Neffe schloss sich ihm an. Und gemeinsam zogen sie von Haus zu Haus. Josef Mandl steht seit 44 Jahren auf der Bühne. Das Theaterspielen ist seine größte Leidenschaft. Seit 33 Jahren führt er auch Regie. Daher war es für ihn ein natürlicher Prozess, das Gehörte in Gespieltes überfließen zu lassen. 17 Jahre ist das nun her. Er habe lange darüber gegrübelt, wie die Erzählungen der alten Leute auch für junge Menschen lebendig bleiben können. Beim Proben eines neuen Theaterstückes sei ihm schließlich die naheliegende Idee gekommen, die Geschichten szenisch zu präsentieren. Das war im Jahre 2003. Und seither arbeiten Onkel und Neffe Hand in Hand. Onkel Rudolf schreibt die Geschichten auf, Neffe Josef erarbeitet auf ihrer Basis mit seiner Gruppe kurze Stücke. In den Raunächten ziehen die Schauspieler von Wirtshaus zu Wirtshaus und bringen die Sagen zur Aufführung. In den Worten von Josef Mandl hört sich das so an: »Zur

Raunåchtzeit wird in da Gaststubm des Liacht åbdraht. Es gibt nur Kerzenliacht. I hock als Erzähler mitten unter de Besucha und die Theatergruppe spielt, wås i erzähl.«

Die Sandler Sagennächte sind einzigartig in Oberösterreich. Und wer das Theater liebt, der fühlt sich an die Ursprünge dieser Kunst zurückversetzt. Bereits im alten Griechenland stand einer aus den Reihen auf und erzählte den anderen seine Geschichte. Der Chor um ihn herum verstärkte dessen Schilderung. Was wir heute im Sprechtheater erleben, ist die weiterentwickelte Variante dieses archaischen Schauspiels. Ob es eine verfeinerte Variante der Ursprungsform ist, sei dahingestellt. Für mich persönlich hat eine Aufführung wie bei Josef Mandl ungleich mehr an Gehalt als so manches Experiment der großen Staatsbühnen. Aber lassen wir doch das Spiel selbst auf uns wirken, statt uns den Kopf über die Wechselwirkung von Bühne und Zuseher zu zerbrechen. Begeben Sie sich mit mir auf eine Reise ins Reich der Fantasie, des Mystischen – und des allzu Wahren. Denn eine tiefere Wahrheit steckt in jeder Sage. Wir müssen sie nur finden.

Also treten wir in die Wirtsstube ein. Tatsächlich, das Licht ist ausgeschaltet. Die Gäste an den Tischen sind nur als Schemen erkennbar. Zu hören sind Murmeln und Raunen. Gespannte Erwartung liegt in der Luft. Auf jedem Tisch flackern Kerzen. Das Klirren der Gläser beim Anstoßen verrät Gemütlichkeit. Die Rauchwolken der Kerzen geben dem Raum eine geheimnisvolle Aura. Die ganze Stube, sie ist nun Bühne. Bühne für die Schauspieler. Bühne für die Zuseher. Und vor allem: Bühne für ihn, den Mandl aus Sandl. Ohne sich anzukündigen, betritt er diese Bühne. Taucht wie aus dem Nichts von draußen auf. In der einen Hand eine Laterne, in der ebenfalls eine

Josef Mandl zieht während der Raunächte in Sandl von Wirtshaus zu Wirtshaus und lässt zusammen mit seiner Theatergruppe alte Geschichten wieder aufleben.

Kerze flackert. In der anderen ein zerschlissenes Buch. Er ist ganz in schwarz gekleidet. Schwarz wie der Teufel oder der Tod. Figuren, die vielen der alten Sagen ihr Gesicht geben. Einen Schlapphut hat er tief ins Gesicht gezogen, am Rücken einen Buckelkorb. Er hockt sich nieder. Mitten unter den Leuten. Es ist mucksmäuschenstill. Kein Murmeln mehr, kein Gläserklirren. Alles wartet auf den Sagenerzähler. Der räuspert sich. Blickt in die Runde. Ein kurzes Lächeln huscht über sein Gesicht. Er blättert in seinem Buch, legt es zur Seite. Blickt wieder auf. Und nimmt den ihm am nächsten Sitzenden aufs Korn. Der hält dem festen Blick stand. Das Schauspiel kann beginnen.

Josef Mandl erhebt seine Stimme: »Mia Raunåchtla va Sandl wünschen eich an guadn Åbend!« Das Zeichen für die Mitwirkenden. Von links und von rechts huschen sie herein. Ein Mann und zwei Frauen im Gewand der alten Holzhacker und ein schauriger Gesell, der Teufel. Es ist die bekannteste Sage, die Josef Mandl erzählt und die seine Mitspieler in Szene setzen. Die Geschichte vom »Knobaradn«. Der Erzähler lässt den Blick nochmals schweifen, zieht einen imaginären Kreis um die Anwesenden: »Da Knobaradn is a seltsoma unhoamlicha Stoa auf da Nordseitn vom Viehberg.« Ein Wanderweg führt an ihm vorbei. Es hat sich in der Mettennacht vor vielen, vielen Jahren zugetragen. Eine stürmische Nacht ist damals gewesen. Der Schnee ist meterhoch gelegen. Einige Kirchengeher haben sich trotz der unwirtlichen Bedingungen vorgenommen, in die Mitternachtsmette nach Sandl zu gehen. Ein Fußmarsch, der über den Viehberg führt, an eben diesem Stein, dem Knobaradn, vorbei. Die drei Schauspieler stellen nach, was sich an der beschriebenen Stelle zugetragen hat:

*Dezember kalt mit Schnee*

*gibt's Korn in jeder Höh.*

»Schauts hin, dort bei dem Stoa, då duad si wås!«
»Soll ma doch ned weida gehn!?«
»I moan, då geht's mitn Teifi zua!«
Josef Mandl fährt in seiner Erzählung fort: »Es is Punkt Mitternåcht und ma hört de Kirchaglockn va Sandl schlågn.« Gerade zum Glockengeläut klafft der besagte Stein auf und Gold, Geld und Edelsteine präsentieren sich den Kirchgängern. Mandl macht eine dramaturgische Pause. Dann setzt er zum Überraschungsmoment an. Unter den Besuchern macht sich prickelnde Unruhe breit: »Åwa ma siagt ah die Umrisse van Teifi!« Das ist das Stichwort für den Darsteller des Teufels. Er stampft am Wirtshausboden auf und kichert schrill: »Haha, hihi – des is jetzt ålles meins, hahaha!« Die Mettengeher bleiben wie angewurzelt stehen. Nach einer kurzen Schrecksekunde knien sie nieder. Aber da schließt sich der Spalt im Stein auch schon wieder. Vorbei die schaurig-schöne Versuchung. Vom Gold, dem Geld und den Edelsteinen ist nichts mehr zu sehen. Eine der beiden Frauen stößt einen spitzen Schrei aus: »Jössas, mia is, wia waun i verstoanat wär.« Und seit dieser wunderlichen Begebenheit sagen die Einheimischen zu diesem Stein: »da Knobaradn, a Stoa mit Wölbungen wia Warzen – von dem Gold und dem Geld.«

Josef Mandl nimmt das Buch zur Hand und schlägt es zu. Es ist das theatralische Ende einer Vorstellung, die keines fallenden Vorhanges bedarf. Was hier gegeben wird, es ist gelebtes Spiel. Ein Spiel, das die Menschen in der Wirtshausstube in seinen Bann gezogen hat. Draußen hüllt die Nacht den Tag in barmherziges Vergessen. Drinnen wurde dem Vergessen wieder einmal ein Schnippchen geschlagen. Ein unterhaltsamer Abend ganz im Zeichen des traditionellen Stubenspieles. Sieben Wirtshäuser besuchen Theatermann Mandl und seine Truppe in den Raunächten. Von der Viehberghütte über den Lukawirt bis zum Stüberl des Hinterglasmuseums. Sieben Momentaufnahmen. Sieben einmalige Erlebnisse. Was in den Sandler Sagennächten wieder auflebt, ist gelebte Gemeinschaft.

»Schein Daung fias Zuaschaun und Zualosn.« Wenn der Mandl aus Sandl sich für das Zusehen und Zuhören bedankt, dann gilt der Dank auch jenen alten Leuten, die mit ihren Erzählungen die Sinne der Jungen schärfen. Ein Kulturgut von unschätzbarem Wert.

# HOLZHACKER-KNÖDEL

**ZUTATEN FÜR 15 STÜCK**
- 3 Schöpfer Grobgrieß
- 1 Schöpfer Mehl
- Butterschmalz
- Salz
- Milch
- Backfett

**ZUBEREITUNG**

Grobgrieß und Mehl miteinander vermengen. Mit einem heißen, eigroßen Stück Butterschmalz abbrennen, salzen und soviel kochend heiße Milch dazu gießen, bis Grieß und Mehl sich zum Teig walken lassen. Eine halbe Stunde ziehen lassen, bis der Teig fest ist. Knödel formen und in heißem Backfett schwimmend herausbacken. Anschließend in eine Backform geben, siedende Milch darüber gießen und im Backofen ausdünsten lassen.

# DRITTE RAUNACHT
## 27. DEZEMBER

Kenne ich eine Sage aus meiner Region?

# IV

*Wunsch- und Sorgenfeuer*

## »DIE BESTE KRÅNKHEIT IS NIX WEAT.«

**E**s sind zwei riesige Feuer, die jedes Jahr am Ufer des Hallstätter Sees brennen. Genauer: in Obertraun am See. Und zwar immer am 28. Dezember. Da wird nämlich symbolisch das alte Jahr verbrannt. Es hat Tradition, dieses alljährliche »Altjahrverbrennen«. Alt und Jung sind auf den Beinen. Im wahrsten Sinne des Wortes. Beginnt das abendliche Fest doch, so will es der Brauch, mit einer Fackelwanderung durch den verschneiten Winterwald. Die Erwachsenen tragen die Fackeln in der Hand. Die Kinder stolpern im Schein des flackernden Lichts über Stock und Stein die Waldpfade entlang. Ein Hochfest der Entschleunigung. Stress und Hektik, sie verlieren mit jedem Schritt den Schrecken, den sie im Alltag oftmals verbreiten. Während ich diese Zeilen schreibe, kommen meine eigenen Kindheitserinnerungen hoch. Das Lagerfeuer, eine Wärmestube unter freiem Himmel. Die prasselnden Äste, Nahrung hungriger Feuerzungen. Der Geruch von verbranntem Altholz. Beißender Rauch, der mir in die Nase steigt. All das war ein einziges Versprechen. Ein Versprechen von knusprigen Erdäpfeln in der Schale, von würzigem Steckerlfisch, von der halb verkohlten Wurst. Die ideale Wunschvorstellung vom Essen in der freien Natur. Ich erinnere mich aber auch schmerzlich an tränende Augen, wenn der Wind mir die Asche ins Gesicht trieb. Oder aber die Hitze meine Gesichtshaut grillte. Ein Sinnbild für Kummer und Sorgen.

Die zwei riesigen Feuer am Hallstätter See, sie stehen für diese beiden Ereignisse. Für Wünsche und für Sorgen.

Sie sind ihrer Funktion nach benannt als »Wunsch-« und als »Sorgenfeuer«. Bis zur Erfindung der Elektrizität war die »Rauchkuchl« Mittelpunkt jeder Hausgemeinschaft. In der Wohnküche versammelte man sich nach getaner Arbeit. Die Feuerstelle versprach Nahrung. Sie wärmte. Hier tauschte man sich aus. Oftmals ohne Worte, aber in tiefem gemeinsamem Einverständnis. An Sorgen gab es im bäuerlichen Jahreskreis keinen Mangel. Ob es das Unwetter war, die Missernte, das verendete Vieh oder mit dem Aufkommen der Industrialisierung die erdrückenden Schulden ob des neu angeschafften Traktors.

Dieser Traktor, er steht auch für den Wunsch der Bauern für die Zukunft. Der Wunsch nach Erleichterung des von harter, körperlicher Arbeit geprägten Alltags. Die Sorgen und Wünsche von uns Wohlstandsverwöhnten sind ganz und gar anderer Natur. Sie lassen sich auf kleine Zettelchen schreiben. Und sind ein besonders in der Esoterik beliebter Brauchtumskitsch. Bei diesem sogenannten »Wunscherfüllungsritual« wird jeden Abend zwischen Weihnachten und Dreikönig einer dieser Zettel in einer feuerfesten Schale verbrannt. Beim Aufsteigen des Rauches vermählen sich Gefühle und Gedanken. Der letzte Zettel, am Vorabend der Ankunft der Heiligen Drei Könige, wird schließlich entfaltet. Er dient nicht als Opfergabe, sondern als Anleitung fürs kommende Jahr. Er wird laut vorgelesen und auf diese Art verinnerlicht. Um den darin festgehaltenen Wunsch muss man sich im neuen Jahr höchstpersönlich bemühen. Geht er doch nur in Erfüllung, wenn man sich um ihn kümmert. Was hier handfest daherkommen mag, entbehrt nicht ganz einer gewissen freiwilligen Komik. Bodenständig sind hingegen jene weisen Sprüche, die einst das Jammern und

Wehklagen schlicht und ergreifend ersetzten. Altbäuerin und Autorin Johanna Reinisch aus Deutschlandsberg in der Steiermark hat sie in ihrem wissenswerten Buch *Alles zu seiner Zeit* gesammelt. So hieß es früher schicksalsergeben: »Die beste Krånkheit is nix weat.« Ein Spruch, der den Inhalt aller folgenden Sprüche auf den Punkt bringt: Es kommt, wie es kommt. Darauf nimmt auch der nächste Spruch Bezug: »Es wiad nia so hoaß gessn, wias koucht wiad.« Dem Sinn nach übersetzt, heißt das: Nichts ist so schlimm wie ursprünglich angenommen. In einer Zeit, die zu Übertreibungen neigt, tut es gut, wenn wir uns dieser schlichten Tatsache immer wieder bewusst werden. Dann gehen wir auch mit Krankheiten – gefühlten oder tatsächlichen – gelassener um. Noch dazu, wenn wir uns vor Augen halten, dass »gegen jede Krånkheit a Kraitla gwåchsen is«. Es bedarf also nicht des automatischen Griffs zum Kopfwehpulver, wenn es einmal zwickt und zwackt. Die Natur ist eine schier unerschöpfliche Apotheke. Kostengünstig ist sie obendrein. Dafür müssen wir aber einmal alte Gewohnheiten ablegen. Zum Beispiel jene, beim kleinsten Wehwehchen krank zu feiern. Oft hilft positives Denken, das Verlassen der ausgetretenen Gedankenpfade – und schon sind wir wieder »pumperlgsund«.

»Gwohnheit is a eisernes Pfoad«, wie man im Volksmund sagt. Gewohnheit ist wie ein eisernes Hemd. Wer es nicht ablegt, kann noch so viele Sorgen verbrennen und Wünsche in die Luft schicken – die einen werden nicht in Erfüllung gehen, weil sich die anderen ja doch wiederholen. Wobei es hier durchaus zwischen dem sinnlosen Wiederholen von Gewohnheiten und dem sinnvollen Festhalten an Gewohntem zu unterscheiden gilt. Dafür

*Haben's die unschuldigen*

*Kindlein kalt,*

*so weicht der Frost*

*noch nicht so bald.*

hatte man einst einen Spruch auf den Lippen, der auch heute noch hochaktuell ist: »Neigi Besn kehrn guat – da åltι kennt die Winkl.« Längst wissen wir, dass wir das Rad nicht neu erfinden können. Und doch dreht sich das Rad der Zeit immer schneller und bringt Neues, noch Neueres, das Neueste ins Spiel.

Ein Hamsterrad der Novitäten. Wer sich aus ihm befreien möchte, pinne sich den alten Bauernspruch neben die Eingangstür. Und gleich daneben den in seiner Kürze so treffenden Merksatz: »Mia kochn ålle nua mit Wåssa.« Ein Trostspruch, dessen tiefere Wahrheit hinter dem Einzeiler versteckt ist. Damals wie heute gilt in unserem Leben das treffende: »Ohne Göld ka Musi.« Wir sind Teil eines Wirtschaftskreislaufes. Geld wird verdient, um es wieder auszugeben. Wir müssen uns gerade das immer wieder bewusst machen, ohne dabei gleich in einen Konsumrausch zu verfallen. Denn Geld ist kein Selbstzweck. Es ist gut, dass man es hat, wenn man es braucht. Nicht mehr und nicht weniger. »Ålls zua seiner Zeit«, schreibt uns Johanna Reinisch ins Stammbuch: Alles zu seiner Zeit – das Einnehmen und das Ausgeben. Wer sich an diese praktische Erkenntnis hält, den belasten – zumindest in dieser Hinsicht – weniger Sorgen. Und mit Erspartem lässt sich auch der eine oder andere Wunsch erfüllen. Wer aber ganz auf Nummer Sicher gehen möchte bei der Rundum-Zufriedenheit, dem empfehle ich einen radikalen Berufswechsel. Werden Sie Sennerin oder Senn! Klinken Sie sich ein halbes Jahr aus Ihrem Berufsalltag aus! Lassen Sie einen Almsommer lang das Hamsterrad des Erwerbslebens hinter sich! Ich garantiere Ihnen – zugegeben, mit einem Augenzwinkern –, dass all Ihre Wünsche in Erfüllung gehen. Zumindest male ich mir das in meiner Fantasie so aus. Und was die Sorgen anbelangt, so müssen wir alle, die wir eine Alm nur vom Wandern kennen, neidvoll dem Leitspruch von Johanna Reinisch Glauben schenken: »Wenn i auf'd Ålma geh, låss i mei Sorg dahoam.«

Aber zurück nach Obertraun am Hallstätter See. Hier werden beim »Altjahrverbrennen« die Ängste und Sorgen von Klein und Groß zu Asche. Die Wünsche hingegen steigen mit der Rauchwolke in den nachtblauen Himmel auf. Die Kinder heben ihre Köpfe. Mit hoffnungsvoll geweiteten Augen blicken sie ihren mit Bedacht formulierten Gedanken nach. Sie sind in freudiger, kindlich-naiver Erwartung, dass sich ihre Wünsche im Laufe des Jahres auch tatsächlich erfüllen. Alleine diese Erwartungshaltung macht den Abend für sie unvergesslich und bringt ihnen, so kitschig das auch klingen mag: Seelenheil.

# HALLSTÄTTER GLÖCKLERKRAPFEN

**ZUTATEN FÜR 36 STÜCK**

- 1 kg glattes Mehl
- 150 g Zucker
- 375 ml Milch
- 2 Pkg. Trockengerm
- 100 g Butter
- 1 Pkg. Vanillezucker
- 4 Eier
- 2 EL Rum

**ZUBEREITUNG**

Mehl in eine Germschüssel geben, in der Mitte eine Mulde machen und mit Zucker, etwas Milch und Germ ein Dampfl bereiten. Die zerlassene Butter, Vanillezucker, Eier, den Rest der Milch und den Rum beigeben und alles zu einem Teig kneten. Den Teig eine Stunde rasten lassen. Danach mit der Hand aus kleinen Teigteilen Kugeln formen. Die Teigkugeln wieder eine Weile rasten lassen. Heißes Fett in einem Reindl bereitstellen und die ausgezogenen, in etwa handtellergroßen Teiglinge darin goldgelb herausbacken. Mit Marmelade verfeinert anrichten.

# VIERTE RAUNACHT
# 28. DEZEMBER

Worüber sorge ich mich? Was wünsche ich mir?

# V

Brauchtumsbrote

## »KIMM A WENG D'NÅCHTN INS STÖRIBROT-KOSTEN!«

as dem Burgenländer der »Hausvater«, dem Steirer das »Windradl«, dem Salzburger das »Gebildbrot«, dem Vorarlberger und dem Tiroler der »Zelten«, das ist dem Oberösterreicher das »Störibrot«. Ein Früchtebrot und neben dem Kletzenbrot das traditionelle Weihnachtsgebäck. »Störi« geht im Althochdeutschen auf die Eigenschaft »stark« zurück. Manch Alteingesessener ob der Enns verortet das Wort allerdings bei den früheren Mahlgemeinschaften, die Milch, Eier, Fett und Gewürze »zusammensteuerten«. Geht man weiter zurück in der Geschichte, mag der Name auch von den im Mittelalter üblichen Zins- und Steuerbroten abgeleitet sein.

Früher hatten die meisten oberösterreichischen Bauernhäuser ihr eigenes Backhaus, das »Bahhäusl«. Alle 14 Tage wurde gebacken. In den Raunächten wurde die Ernte des Sommers in den Winter gerettet, die Früchte im Brot verbacken. »Der Thomerl rührts Uarah an«, sagten die Bauern. Und verwiesen damit auf den Thomastag am 21. Dezember, denn gemeint war, dass an diesem Tag der Sauerteig für das Dampfl angesetzt wurde. Angeschnitten wurde das Festtagsbrot erstmals zu Weihnachten. Nach den Feiertagen luden sich die Familien gegenseitig zum Störibrot-Kosten ein. Einem alten Brauch zufolge musste, wer im neuen Jahr gesund bleiben wollte, von sieben verschiedenen Broten gegessen haben.

Die alteingesessene Bäckerfamilie Weinhäupl aus Altheim im Innviertel hat das alte Bauernwissen übernommen und verfeinert. Die älteste Familienbäckerei

Kletzen (Dörrbirnen), Nüsse, kandierte Orangenschalen und Rosinen. Nach altem Familienrezept der Bäckerei Weinhäupl besteht das Störibrot aus 85 Prozent Früchten und 15 Prozent Brotteig.

Österreichs – sie existiert seit 1604 in der nunmehr 15. Generation – ist für ihr Früchtebrot weit über die Landesgrenzen hinaus bekannt. Senior Karl Weinhäupl, 86 Jahre alt, hat das Geheimrezept bei der Betriebsübergabe an seinen Sohn Markus, 51, mündlich weitergegeben. Nur eines verraten die beiden: Es besteht aus 85 Prozent Früchten bei 15 Prozent Brotanteil. Markus Weinhäupl ist stolz auf das Familienrezept: »Unser Geheimnis ist das richtige Mischverhältnis von kandierten Orangenschalen, Nüssen, Rosinen und Kletzen.«

Einst war die Herstellung dieses besseren Hausbrotes von Dorf zu Dorf verschieden. Nur eines war überall gleich: das Fehlen von Germ. Wichtige Zutaten waren Eier und Fett, mit Gewürzen – ob Anis, Fenchel, Kümmel, Koriander, Nelken oder Zimt – wurde nicht gespart. Mancherorts wurde auch gleich der Laib mit den Gewürzen bestreut. Andernorts wieder bestreute man den Brotlaib mit Getreidekörnern. Jene Körner, die im Backofen nicht verbrannten, wiesen auf besonders gut gedeihendes Saatgut hin. Das Backen des Störibrotes war willkommener Anlass zum Orakeln. Der Blick ins Ofenloch wurde so zum Ausblick auf das neue Jahr. Franz Maier-Bruck hat in seinem Standardwerk der Bauernküche *Vom Essen auf dem Lande* die alten Bräuche vor dem Vergessen bewahrt. Knackten die Scheite während des Heizens im Backofen stark, gab es im kommenden Sommer starke Gewitter. Fiel die Glut in sich zusammen, deutete das auf einen Sterbefall hin. War die Kruste zu hell, war der Tod bereits eingebacken. War sie zu dunkel, verriet das Streit. Zum Schmunzeln ist die Parallele zwischen einem Riss im Brotlaib und den Kreuzschmerzen der Hausfrau. Wurde während des Backvorgangs eine Maus am Hof gefangen, war die Seele der Hausfrau gleich ins Brot miteingebacken. Blickte sie mit Teig bedeckten Händen in die nächtliche Stube und sah den Gevatter Tod am Backtrog stehen, so sah sie ihren eigenen Tod im neuen Jahr voraus.

Um wie viel humorvoller ging es da in Tirol zu, wo der Scherz Teil der Festbrotkultur ist. Der Tiroler Zelten, ein Birnenbrot, ist bekannt für seine »Scherze(ln)«. Dieser erste Anschnitt wurde per Namenszettel verlost. Es galt als große Auszeichnung, beim »Anscherzen« anwesend zu sein. Die »Anschneider« luden dazu »Göd und God«, Freundin oder Freund ein. Um ihnen »an Tuck ztoan«, sie also zu ärgern, wurden in den Zelten Stricknadeln oder Nägel miteingebacken. Zum Brot gab es Schnaps und Butter. So heißt es auch in einem Vierzeiler aus dem Jahre 1935:

*»Süß san die Zeltn,*
*und guat is da Schnaps.*
*Das kriagt man halt selten,*
*außa vom Schatz.«*

Junge Leute gingen von Haus zu Haus zum Anschneiden – in der Mundart »uscheaschzn« –, galt doch der Scherz als sichtbares Zeichen einer heimlichen Liebelei. Die Älteren, die bereits vergeben waren, hielten sich mit dem Anschneiden bis zum Dreikönigstag zurück. Sie pflegten dafür den Brauch des Anrauchens, des Räucherns ihrer Zelten am 24. und 31. Dezember und in der letzten Raunacht.

In Vorarlberg kennt man den Zelten als »Birenbrot«. In den Nächten zwischen Weihnachten und Dreikönig wurde es als Opfergabe ans offene Fenster gestellt. Die Ärmsten der Gemeinde durften sich frei bedienen. Mit dieser milden Gabe besänftigten die Bewohner im Ländle die bösen Geister und belohnten die »guadn Göschter«. Bis zum Ersten Weltkrieg setzte der Gastwirt jedem Stammgast am Neujahrsmorgen das Birenbrot vor. Noch heute wird im privaten Haushalt dem Neujahrsgast ein Birenbrot serviert. Ihren Ursprung hat die kulinarische Sitte auch hier wieder in der Liebe. Das heiratsfähige Mädchen pries sich dem Liebsten mit dem Backen als gute Köchin an. Der Brauch hat nichts von seiner Attraktivität verloren. Der Verlobte bekommt an Neujahr ein Birenbrot gebacken. Holt er es sich jedoch bis zum Dreikönigstag nicht ab, gilt die Verlobung als gelöst.

Das »Windradl« ist ein Gebildbrot aus der Steiermark. Es besteht aus einem schmalen Teigstreifen, der zum Rad geformt und mit einem Kreuz aus zwei weiteren Teigstreifen verbunden wird. Am Weihnachtsabend wird dieses Gebilde an den Wind verfüttert. Dieser Brauch des »Windfütterns« stammt aus dem Sausal. Bäuerin oder Bauer ließen sich aus der hohlen Hand vom Wirbelwind das Mehl übers Feld stäuben: »Hiaz soull er halt wohl a gnua habn, der Wind mit sein Kind.«

Ein weiteres weihnachtliches Brauchtumsgebäck ist aus dem burgenländischen Seewinkel überliefert, genauer gesagt, dem »Hoadboden«. Ich habe es im Dorfmuseum von Mönchhof entdeckt. Angesprochen hat mich der das patriarchale Prinzip auf den Kopf stellende Name »Hausvater«. Eigentlich hat dieser Milchzopf die Form eines Wickelkindes, angeschnitten wurde er jedoch vom Bauern. Das Gebildbrot war mit Seerosen verziert und trug eine Halskrause. Am Heiligen Abend schnitt das Familienoberhaupt den nach ihm benannten »Striezel« an: und zwar direkt am Kopf. Dieses Stück wurde vor dem

*Auf kalten Dezember*

*mit tüchtigem Schnee,*

*folgt ein fruchtbares Jahr*

*mit üppigem Klee.*

»Mettengehen« in den Hausbrunnen geworfen, um die Wassergeister des nahen Neusiedler Sees für sich einzunehmen. Rumpf, Arme und Beine des Brotes wurden von der Familie verzehrt – nach dem Räuchern im Stall.

Im Salzburgischen bekam das Vieh gleich sein eigenes Gebildbrot. Da wurden schmackhafte »Anklöcklerbrote« für die Armen, die anklopften, gebacken. Und zwar in Form von Pferden und Kühen. Das sollte Unglück bei den Rössern verhindern und den Rindern Glück bringen. Was die Brote auf jeden Fall mit sich brachten: Sie stillten den Hunger der Armen an den Feiertagen.

Um die Notleidenden zu unterstützen, rief ein Schustermeister aus Sandl die sogenannten »Toagheiligen« ins Leben. Der Ahnenforscher Rudolf Wagner kennt dieses Beispiel angewandten Humanismus. Eine Geschichte, die uns wieder nach Oberösterreich zurückführt. Sein Neffe Josef Mandl hat sie in Mundart gefasst: »In Anlehnung an die Hinterglasmalerei sand Heiligenfiguren aus Toag gmächt woan. In Formen aus Ton oda Lehm is da Heilaund gossn woan. Die Jungfrau Maria. Und Johannes, der Täufer. Des woan die drei Arten vo Figuren. Da Toag aus Schwarzmöh und Wåssa is båcha und anschließend bemoit woan.« Die Figuren wurden verkauft. Sie wurden auf die Gräber gestellt oder schmückten den Herrgottswinkel. Das verdiente Geld kam den Armen zugute. Und es waren auch die weniger Betuchten, die sich »Toagheilige« kauften. Wer »mehra in Göd woa«, der stellte sich die berühmten Hinterglasbilder auf, die ebenfalls Heiligenmotive zierten. Das Wetter allerdings machte der originellen Idee bald schon einen Strich durch die Rechnung: »Da Toag hat da Witterung am Friedhof ned lang standghåltn.« Heute erinnern »Toagheilige«, die im Herrgottswinkel überlebt haben, und die dazu passenden Model im Schlossmuseum von Freistadt an dieses religiöse Brauchtumsgebäck.

Ich selbst durfte in der Bäckerei Weinhäupl beim Backen des Früchtebrotes dabei sein. Vater und Sohn arbeiteten während einer Schicht 100 Kilogramm Masse auf. 200 Brote wurden in dieser Nacht gebacken. Markus Weinhäupl erzählte stolz, dass ihr Früchtebrot zum besten Österreichs gekürt worden sei: »Es passiert uns seither immer öfter, dass sich die Kundschaft das Früchtebrot gleich zum Verschicken mit der Post einpacken lässt.« Für Freunde oder Verwandte in der Ferne. So sei »d'Störi« von Altheim aus bereits in alle fünf Kontinente gelangt. Einst war der Wirkungskreis wesentlich überschaubarer: die Haus- und Hofgemeinschaft, die Nachbarn und Verwandten. »Kimm a weng d'Nachtn ins Störibrot-Kosten«, diese Einladung schlug niemand aus. Denn wer, wie wir wissen, nicht auf die erforderliche Zahl von sieben verschiedenen Stücken kam, den holte im neuen Jahr der Teufel.

Und nicht zu vergessen: das leidige Kreuz mit dem Kreuz! Auf dieses wies mich Markus Weinhäupl bei einem der letzten Schritte vor dem »Einschießen« hin, dem Radeln mit einem hölzernen Gerät. Das sorgt für die charakteristische Oberfläche der Kruste, die löchrig wie ein Schweizer Käse sein sollte, und hat einen ganz praktischen Nutzen. Es entstehen beim Backen nämlich keine Risse, die der Hausherrin bekanntlich Kreuzschmerzen verursachen. Gattin Romy, die gute Seele des Hauses, dankt es ihrem Mann nach einem anstrengenden Arbeitstag hinter der Verkaufstheke der traditionsreichen Bäckerei.

# FRÜCHTEBROT

**ZUTATEN FÜR EIN BROT**

- 4 Eier
- 1 EL Rum
- 150 g Honig
- 200 g Weizenmehl
- 2 TL Backpulver
- 2 TL Zimt
- 150 g Trockenfeigen
- 150 g getrocknete Datteln ohne Stein
- 125 g Zitronat
- 150 g gehackte Haselnüsse
- 150 g Rosinen

**ZUBEREITUNG**

Eier schaumig rühren und Rum und Honig beigeben. Weizenmehl mit Backpulver und Zimt vermischen und unter die Eiermasse rühren. Datteln und Feigen nach Belieben, das Zitronat sehr fein schneiden. Gehackte Haselnüsse, Datteln, Feigen, Rosinen und Zitronat unter den Teig rühren. Gut durchrühren, damit sich alle Zutaten vermischen können. Eine Kastenform mit Backpapier auslegen und den Teig einfüllen. Bei 160 Grad circa eine Stunde im Backofen backen. Das gebackene Früchtebrot aus der Form nehmen, auskühlen lassen und vor dem Verzehr für zwei bis drei Tage in Alufolie wickeln.

# FÜNFTE RAUNACHT
# 29. DEZEMBER

Was ist mein persönliches täglich Brot?

# VI

*Rückzug in den Wald*

# »SEI, WER DU WIRKLICH BIST!«

Die zwölf Raunächte gelten als geschenkte Zeit. Als Auszeit. Während sich das alltägliche Leben mit einer Wiese vergleichen lässt – sie kann sumpfig sein, eine Sauerwiese, oder sich in der schönsten Blumenpracht präsentieren, ist aber in jedem Fall lebendig –, verbinde ich die Zeit der Raunächte mit dem Wald. Dieser birgt totes Gehölz in sich. Und viel von dem, was wir mit Mystik verbinden. Das unterirdische Leben. Er steht für die »toten Tage«, wie die Raunächte auch genannt werden.

Nehmen wir uns eine Auszeit vom Alltag, gehen wir in den Wald. Im Märchen, der prägenden Erzählform in den Raunächten, spielt er eine wesentliche Rolle. Die Alten erzählen den Jungen Geschichten, in denen der Wald für die Welt an sich steht: eine geheimnisvolle Welt. Die Wiese ist kultivierte Natur. Der Wald hingegen ist Wildnis. Ein Freiraum, in dem die Angst haust. Hier lauert Gefahr. Unter anderem von der Hexe, der kindgerechten Percht. Im Wald wird, wie zur Zeit der Raunächte, die eigene Sichtweise in Frage gestellt. Im Wald werden wir wieder zum Kind, das sich nicht scheut, Fragen zu stellen. Eine Wanderung durch den Wald gleicht in der Raunachtzeit einem endlosen Gedankengang. Besser gesagt: einer Gedankenkette. Ich lade das Kind in mir ein, Licht ins Dunkel zu bringen. Im übertragenen Sinne lüfte ich meinen Kopf, wenn ich unbekannte Pfade entdecke und mich an altbekannten Plätzen zum Verschnaufen niederlasse.

Die Keramikerin und Pädagogin Veronika Stockert hat den Waldspaziergang zum beruflichen Inhalt gemacht. Sie ist Gründerin des Vereins Waldkinder Libella, der eine Wald-Kindergruppe in Kooperation mit der Leithabergschule führt, eine Erziehungseinrichtung, die in der Natur ihren größten Lehrmeister sieht. Schlüpfen. Sich entpuppen. Wie eine Libelle die Flügel aufpumpen und fliegen. Fliegen und auf Bäume kraxeln. Fliegen und neue Pfade finden. Fliegen und Staudämme bauen. Fliegen und die Fährten der Tiere bestimmen. Fliegen und Waldfrüchte sammeln. Die Libelle steht symbolisch für das Wirken dieser Privatschule. In den vier Wänden wird mit dem wertvollsten Gut, das uns zur Verfügung steht, gearbeitet: dem kreativen Miteinander. Der größte Raum jedoch, er sprengt den Rahmen des Gebäudes, das ist die freie Natur. Wald, Bach, Heide und Busch sind in Blickweite der Schule. Sie sind jener Freiraum, den sich die Schulkinder Woche für Woche neu erobern. Das Pädagogenteam rund um Mitbegründerin Stockert begleitet sie bei ihren Abenteuern. Ihr Leitsatz ist so schlicht wie klug: »Ganz sein, heißt eins sein.« Er könnte ebenso in die Holzbalken einer alten Bauernstube geschnitzt sein und leitet die Kinder durch ihren Alltag. Spiel, Lernen und Leben – sie bilden eine Dreieinigkeit. Jedes Lebewesen solle sich seiner Natur nach entfalten können. Wir dürfen sein, wer wir wirklich sind. Du und ich. Erwachsener und Kind. Spielerisch zu arbeiten und Arbeit als Spiel zu begreifen, diese für einen schöpferisch tätigen Menschen wesentliche Erkenntnis ist das Credo der Leithabergschule.

Die Kinder, die hier eingeschult werden, bleiben dem geregelten Schulalltag fern. Sie dürfen sich frei bewegen. In den vielleicht wichtigsten Jahren ihrer Erziehung wachsen sie auf wie einst der Waldbauernbub und Gründer der Waldschule Alpl Peter Rosegger. Für die Kinder ist der Wald als Außenstelle der Schule jener Platz, an dem sie ihre Vorstellungskraft schulen können. Die Kinder können verrückte Dinge zurechtrücken. Sie können einer kopflos gewordenen Welt ihre auf den Kopf gestellten Geschichten entgegensetzen. Und sich dabei selbst finden. Die Kinder in der Leithabergschule haben die Möglichkeit, sich spielend auf das Erwachsensein vorzubereiten. Der Alltag in der Erwachsenenwelt ist kein Märchen. Kinder, die während ihrer Schulzeit ihr persönliches Märchen gestalten, werden sich später in einer bereits gestalteten Umwelt durchsetzen müssen. Sie, die ein maßvolles Regelwerk begleitet, werden sich in Zukunft einem immer maßloser werdenden Regulativ gegenübergestellt sehen: unserer Gesellschaftsordnung.

Veronika Stockert, die einen Ort entstehen lassen möchte, an dem lebensbejahende Werte gelebt werden, macht sich beim Spaziergang im Wald über das einst so präsente Thema Angst Gedanken:

*»Angst, ein großes Thema in den Raunächten, ist auch für mich und meine eigenen Kindern Thema. In einer Zeit der Dunkelheit tauchen auch bei uns dunkle Gedanken, ja Ängste, auf. Ich finde es daher wichtig, sie bewusst wahrzunehmen und zum Ausdruck zu bringen. Indem wir uns ausdrücken, sind wir nicht mehr allein. Die Nächte zwischen der Zeit dienen ja dem Rückzug und dem Zusammenrücken. In der Gemeinschaft der Familie kann die Angst keine Macht über uns gewinnen. Rituale wie das Räuchern oder der Tanz der Perchten sind ja nichts anderes als Mechanismen zur Bewältigung dieser Angst. Ich selbst schreibe mit meinen Kindern und meinem Mann auf kleine Zettel, wovon wir uns verabschieden möchten. Diese Zettel*

*verbrennen wir und nehmen bewusst wahr, wie das Feuer das Dunkle in Licht verwandelt.«*

Sie versuche, ihren Kindern – den eigenen und jenen in der Schule – im Alltag zu zeigen, was Gefühle im Körper auslösen. Sie persönlich setze Angst mit Enge gleich. Enge erzeuge in ihr das Gefühl, klein zu sein. Kinder könnten noch nicht so klar mit Worten ausdrücken, was Angst aus ihnen mache. Also zeichnen sie oder formen aus Ton, was sie beschäftigt. Innere Bilder würden uns nur so lange ängstigen, wie sie in uns verborgen blieben. Wenn Kinder jedoch ihre Ängste spielerisch teilten, würden sie bedeutungslos. Sie lade die Kinder daher ein, sich mit jenen Gedanken zu verbinden, die Licht in die Dunkelheit brächten. Was tut mir gut? Wie fühle ich mich, wenn ich an die Begriffe »Licht«, »Liebe« und »Geborgenheit« denke? Veronika Stockert selbst knüpft daran automatisch eine Lehre, die sie aus der Natur zieht: Das Leben geht immer weiter!

Noch bevor die letzten Blätter absterben, sind die frischen Knospen in einer Pflanze bereits angelegt. Geschützt in der Knospenhülle warten sie darauf, im Frühling wieder aufbrechen und wachsen zu können. Ein stimmiges Bild von Sterben und Werden. Die Pädagogin möchte die Kinder zu einer Klarheit im Hier und Jetzt führen: »Sie haben diesen Fokus auf das Wesentliche noch sehr in sich verankert, gerade in Zeiten der Unsicherheit dürfen sie ihn nicht verlieren.«

In der Vorweihnachtszeit kommen die Schüler in der Früh täglich in einem Kreis zusammen. Sie zünden Kerzen an, singen miteinander und erzählen sich gegenseitig Geschichten. Dabei lernen sie Regeln, die gerade in dunklen Zeiten, in den rauen Nächten von Krisen, überlebenswichtig sind: das Miteinander und Füreinander. Zur Wintersonnenwende, am Beginn der Raunächte, feiern sie gemeinsam in einem Tipi am Waldrand den kürzesten Tag und die längste Nacht. Sie feiern, dass das Dunkel verschwindet und dem Hellen Platz macht. Dass die Tage wieder länger werden und die inneren Bilder, die in der Dunkelheit Angst hervorrufen, bei Tageslicht betrachtet an Kraft verlieren. Im Kreis der Gruppe werden die Kinder eingeladen, sich mit Gedanken zu beschäftigen, die Licht ins Dunkel bringen, die ihnen guttun. Sie lassen die Urängste hinter sich, indem sie diese teilen.

Dieses ganzheitliche Denken, dass eines das andere bedingt, führt die Kinder dazu, über sich hinauszuwachsen. Eine Eigenschaft, die ihnen in Zukunft dabei helfen soll, in Krisen vor allem die Chance zu sehen, in Zeiten der Dunkelheit das Licht zu erkennen.

# FISCHGULASCH AUS DEM »MEER DER WIENER«

**ZUTATEN FÜR 4 PERSONEN**

- 1 EL Butterschmalz
- 1 weiße Zwiebel
- 2 EL edelsüßes Paprikapulver
- 1 EL Mehl
- 2 Knoblauchzehen
- 50 ml Weißwein
- 200 ml Fischfond
- Salz, Pfeffer, Zucker
- 50 ml Schlagobers
- 1 roter Paprika
- 1 Stange Lauch
- 800 g festes Fischfleisch
- ½ Bund Petersilie
- Sauerrahm

**ZUBEREITUNG**

Schmalz erhitzen und die in Würfeln geschnittene Zwiebel glasig anschwitzen. Paprikapulver, Mehl und den gewürfelten Knoblauch beigeben. Kurz anrösten und mit Weißwein und dem Fischfond ablöschen. Mit Salz, Pfeffer und Zucker würzen. Bei kleiner Hitze zehn Minuten köcheln lassen. Obers beimengen und den in Streifen geschnittenen Paprika und die Lauchringe dazugeben. Das Gemüse solange ziehen lassen, bis es bissfest ist. Den gewürfelten Fisch beigeben und fünf Minuten im geschlossenen Topf ziehen lassen. Nicht umrühren, da sonst der Fisch zerfällt! Mit Petersilie und einem kleinen Löffel Sauerrahm garnieren und mit Weißbrot servieren.

# SECHSTE RAUNACHT
# 30. DEZEMBER

Welche Gedanken sind mir heute
durch den Kopf gegangen?

# VII

Räuchern in Haus und Hof

## »IM KLÄNNÖ ISCHT DAS GRÖÖSCHT VRBORGO.«

Susanne Türtscher lebt im Großen Walsertal. Auf 900 Metern Seehöhe, im kleinen Bergbauerndorf Buchboden. Sie ist Bäuerin und Kräuterfachfrau. Und sie strahlt, selbst aus der Ferne, menschliche Wärme aus. Sie hat eine mit Sorgfalt gestaltete Homepage, auf der sie auch auf ihre verschiedenen Seminare und Kurse hinweist – ein informativer Augenschmaus. Die Seite vermittelt die menschlichen »drei Ws«: Wissen, Weisheit und – ich habe es bereits erwähnt – diese verbindliche wie verbindende Wärme des Herzens.

Werden die Raunächte heute vor allem mit der Frau Percht und ihrer vielgestaltigen Ausformung wie den »Schön- und Schiachperchten« in Verbindung gebracht, so weist Susanne Türtscher gerne auf die Ursprünge hin: die weise Frau. Zu Zeiten ihrer Urururgroßmütter wurden Frauen in der Männerwelt allein gelassen. Für ihre Anliegen und Probleme, sei es bei Verhütung oder Schwangerschaft, hatten die Männer kein Verständnis. Die Frauen waren auf das verborgene Wissen der sogenannten »weisen Frauen« angewiesen. Diese waren Sachverständige in der Kräuterkunde. Sie verstanden es, mithilfe der Kräuter Mut und Zuversicht zu verbreiten. Außerdem waren diese Frauen Schutz- und Segensbegleiter, wenn es um Leben und Tod ging. Erst die Kirche machte aus ihnen Hexen, da sie um die eigene Macht fürchtete und daher den Einfluss der weisen Frauen bewusst beschnitt. Aus der Hexe wurde die Percht. Eine Schreckensgestalt, von der man sich in den Raunächten gerne Schauer-

Beim Räuchergang wird auch der Stall besucht, um im kommenden Jahr Segen und Schutz für das Vieh zu erbitten.

märchen erzählte. Susanne Türtscher kann dem heute wieder gern gebrauchten Begriff der »Kräuterhexe« mit einigem Schmunzeln etwas Positives abgewinnen: »Die ›Hagazussa‹, wie die Hexe im Mittelalter geheißen hat, ist eine, die über den Zaun schaut. Eine, die in mehreren Welten daheim ist.« Eine also, die weltoffen ist. Die Kraft der Kräuter überwindet die Grenze zwischen äußerer und innerer Welt. Mit ihrer Hilfe schlägt Susanne Türtscher Brücken zwischen diesen beiden Realitäten: »Ich denke, dass Kräuter ein Spiegel für unsere eigenen Lebensmuster sind.« Daher geht sie sorgsam mit diesem Wunder der Natur um. Sie pflückt die Almkräuter immer mit der Hand und hebt die Wurzeln mit einem Hirschhorn aus der Erde. Ich habe sie gebeten, mir in eigenen Worten den Ablauf eines Räucherganges zu beschreiben. Eines Tages lag ein handgeschriebener Brief in meinem Briefkasten. Als wunderbares Symbol für die Nächte zwischen der Zeit, für Achtsamkeit und Entschleunigung. Sie ziehe ihre Kraft aus dem Morgen, stellt sie dem Brief voran, der Morgen sei die Gnade. Sie stelle sich barfuß in den Fluss, den Lebensfluss. Dieses frühmorgendliche Ritual drücke ihre große Sehnsucht nach Stille aus. Sie schreibt:

*Keine Nacht birgt dieses Geheimnisvolle, diesen Zauber, wie die Nacht der Nächte: die Raunacht. Ich komme von einem Gang durch die Natur heim, früh am Morgen, in der Dämmerstunde, klopfe mir den Schnee aus dem Mantel und betrete das Haus. Ich steige über die Türschwelle. Das Feuer im Herd knistert. Ich lege etwas Salbei auf die Herdplatte, zünde eine Kerze an. Ich nehme mein Tagebuch zur Hand und schreibe im Flackern des Kerzenlichtes.*

*Die Natur ist die schönste, höchste und bewegendste Kathedrale. Ihr Deckengewölbe, der Sternenhimmel – der »Ruach«.*

*Silvesterwind*

*und warme Sonn*

*verdirbt die Hoffnung*

*auf Wein und Korn.*

*Ihre Geisteskraft erfahre ich durch den Wind, der mich durchdringt, der die Wolken auseinanderreißt, den zarten Sichelmond im Riss erkennbar werden lässt. Ihr Segen ist der sanfte Schnee, der vom Himmel auf meine Wangen fällt. Der kleine Vogel, der imaginäre, der auf meiner Schulter sitzt, ruft mir zu. Der Bach flüstert mir ins Ohr. In einem abgeschlagenen Baumstrunk entdecke ich Reisig, das munter sprießt ...*

*Ich lege das Tagebuch zur Seite. Langsam rührt sich Leben im Haus. Mein Mann Josef kommt die Holztreppe herunter. Es gibt eine Menge interessanter und geheimnisvoller Dinge vorzubereiten. »Für wen zünden wir heute die Ahnenkerze an?«, fragt Josef. Unser Gedenken gilt dem »Göti« Lorenz, dem Patenonkel, von dem Josef die Landwirtschaft übernommen hat. Ich bereite mich auf den Räuchergang vor – zunächst im Haus. Auf ein Stück Kohle lege ich das Harz von Kiefern, Fichten, Tannen, von Wacholder und Meisterwurz. Mit der Räucherschale gehe ich herum. Verbreite den duftenden Rauch in alle vier Winkel unserer großen Wohnküche. Hier spielt sich das Leben unserer Großfamilie ab. Dabei trage ich ein kleines Glöckchen bei mir. Nach alter Überlieferung stöbert es das »verhockte Glöckchen« auf. Ich läute in jede Ecke des Raumes. Josef begleitet mich mit seiner Flöte. Unsere kleine Prozession geht mit Gesängen durch das ganze Haus. Josef trägt die Ahnenkerze und die Kräuter zum Räuchern, ich halte die Räucherschale in der einen Hand, das Glöckchen in der anderen. Ich räuchere jedes Zimmer aus, vom Dachboden bis zum Keller. Dabei lasse ich den Rauch in jeden Winkel kriechen und schwinge das Glöckchen. Nach dem Umgang öffnen wir die Fenster. Das Alte, das Ausgediente, Schwere, Krankmachende, es darf weichen. Doch zuvor wird es noch einmal laut benannt, gewürdigt und schließlich mit dem Segen nach draußen, ins Freie, entlassen.*

# SILVESTERABEND
*Dankbarkeit und Loslassen*

Der letzte Tag des Jahres lädt ein, nochmal zurückzublicken, das Jahr Revue passieren zu lassen und dankbar zu sein. Schöne Momente dürfen ins Gedächtnis gerufen werden und man kann sich daran erfreuen. Auch schwierige Phasen gehören zum Leben dazu. Sie lehren uns immer etwas, auch wenn es nicht sofort ersichtlich scheint. Die Silvester-Räuchermischung hilft, loszulassen und sich auf Neues und Positives einzustimmen.
Wir dürfen Vergangenes zurücklassen und uns bereit machen für das neue Jahr.

## RÄUCHERMISCHUNG FÜR DEN SILVESTERABEND

- 1 Teil Mädesüß
- ½ Teil Goldrute
- 1 Teil Kamille
- ½ Teil Mariengras
- 1 Teil Myrrhe
- ½ Teil Weihrauch

---

Die Blüten des **Mädesüß** duften intensiv und stecken voller Kraft. Zu blühen beginnen sie etwa zur Sommersonnenwende. In der Volksheilkunde wird die Pflanze als natürliches Aspirin geschätzt. Beim Räuchern hilft das Mädesüß, Altes loszulassen. Es darf gehen, damit wir uns auf das Neue einstimmen können.

Die goldigen Blüten der **Goldrute** erinnern an warme Sonnentage. Sie zeigen uns das Positive im Leben und helfen, steinige Wege voller Optimismus zu meistern. Die Goldrute steigert unser Selbstbewusstsein und legt sich schützend um uns. Dabei sorgt sie für ein warmes Raumklima und hält negative Energien fern.

**Kamille** erinnert uns oft an die Kindheit. Bei Krankheit sind wir von Mama mit duftendem Kamillentee wieder gesund gepflegt worden. Schützend legt sich der Kamillenrauch um unsere Nerven und bringt Gelassenheit. Unsere Selbstheilungskräfte werden angekurbelt und wir fühlen uns wohl und geborgen.

Auch das **Mariengras** umhüllt mit wärmendem, entspannendem Duft. Es zaubert eine friedliche Stimmung. Heilungsprozesse werden in Gang gesetzt und wir dürfen unser Herz wieder öffnen.

**Myrrhe** ist auch ein Harz, welches einen süßen und warmen Duft entwickelt. Mit seiner reinigenden Wirkung erdet es uns und erleichtert, mit uns selbst in Einklang zu kommen.

*Für mich ist dieses Ritual immer wieder ein versöhnlicher Akt. Es wirkt befreiend. Ich versöhne mich mit dem Schicksal. Mit Krankheiten und negativen Vorfällen, die Zeit brauchen, sie zu verstehen, zu verarbeiten – und mit ihnen umzugehen. Ich entzünde eine neue Kohle, lege sie in die Schale und mische frische Kräuter. Es sind Kräuter, die das Neue, das Ungetrübte, Frische mit ihrem Wohlgeruch begrüßen. Kräuter wie Rose, Lavendel, Engelwurz, Tanne, Mistel und Salbei. Diese Kräuter schenken Mut, Kraft und Zuversicht. Räuchern ist für mich eine Reinigung auf energetischer Ebene. In Gesängen heißen wir das Neue willkommen. »Wort und Wurz«, wie es in alten Schriften heißt. Zum Schluss legen wir einen Kristall unter die Türschwelle der Haustür, die ich frühmorgens übertreten habe. Ich bringe eine Mistel über dem Türstock an. Nach alter Überlieferung bedeutet sie all jenen Schutz und Segen, die bei uns ein- und ausgehen. Die verräucherten Kräuter und ihre Asche streue ich im Garten in alle vier Himmelsrichtungen. Dabei verneige ich mich vor dem, der größer ist als wir Menschenkinder. Möge die Asche dem Boden neue Fruchtbarkeit bringen.*

*Es ist nun Zeit für eine wohlriechende Tasse Tee. Berührt von den Gesängen, von dem nicht planbaren und daher jedes Jahr anderen Umgang, lassen wir nachklingen, was unser Herz berührt hat. Keiner spricht ein Wort. Die Stimmung ist andächtig. Stille erfüllt die Stube. In der Abenddämmerung entzünde ich zum dritten Mal ein Stück Kohle. Ich nehme das Harz von Tanne und Fichte und mache mich auf den Weg zum Stall. Josef, der gerade mit der Stallarbeit fertig geworden ist, zeigt mir ein eben geschlüpftes Kälbchen. Noch feucht vom Mutterschleim, liegt es bibbernd im Stroh. Die Kuh schleckt ihm den Schleim vom warmen Körper. Unsere Freude ist groß. Wir stehen um die Räucherpfanne mit der glühenden Kohle. Nach und nach gebe ich die anderen Kräuter bei: die Engelwurz, den Lavendel, den Salbei und die Mistel. Wir lassen Episoden des vergangenen Jahres aufleben. Gerade in der Landwirtschaft gibt es Ereignisse im Jahreskreis, die traurig machen, schlimme Unfälle, Wetterumstürze, Ernteausfälle. Vorfälle, die wir uns bewusst machen, indem wir sie benennen. Mit dem Rauch, der bei unseren Erzählungen aufsteigt, drücken wir unsere Betroffenheit aus und wandeln sie in Hoffnung. Wir sprechen Dank- und Bittworte, und beziehen das Vieh im Stall in dieses Mantra ein. An Körper, Geist und Seele gereinigt, verlassen wir den Stall. Gestärkt verabschieden wir das alte Jahr und bereiten uns bewusst vor auf das neue Jahr.*

»Im Klännö ischt das Grööscht vrborgo«, gibt Susanne Türtscher mir mit auf den Weg. Im Kleinen ist das Größte verborgen. Um dieses Göttliche zu finden, das sie meint, zieht sie sich einmal im Jahr ins Kloster zurück. Sie nimmt sich bewusst eine Auszeit vom Alltag. Gerade in Zeiten, in denen der Lebensfluss unterbrochen ist, wirkt so eine Innenschau heilsam. Sie sagt: »In den Tagen der Stille habe ich endlich Zeit für die innere Bewegung in der Seele. Durch das Herausnehmen aus dem Alltag öffne ich mich für das Göttliche.« Ein schöner Gedanke in Zeiten der Globalisierung. Einer, dem auf den Grund zu gehen es sich gerade in den Nächten zwischen der Zeit lohnt.

# WOHLRIECHENDER WINTERTEE

**ZUTATEN**
- 1 Teil Wacholder
- 1 Teil Tannennadeln
- 2 Teile Holunderblüten
- 1 Teil Rose
- 1 Teil Nelkwurz
- 1 Teil Salbei
- 1 Teil Quendel

**ZUBEREITUNG**
Für einen Liter Tee einen Esslöffel der Kräutermischung mit kochendem Wasser überbrühen. Drei Minuten ziehen lassen und je nach Geschmack mit etwas Zitronensaft und Honig abschmecken.

# SIEBTE RAUNACHT
## 31. DEZEMBER

Welche Kleinigkeiten bedeuten mir
im Leben Großes?

# VIII

*Jahreswechsel mit der Pummerin*

## »GEWEIHT DER KÖNIGIN VON ÖSTERREICH, DAMIT DURCH IHRE MÄCHTIGE FÜRBITTE FRIEDE SEI IN FREIHEIT.«

*Weihinschrift der neuen Pummerin, 1951*

Die Zeit. Am Land scheint sie endlos. In der Stadt ist sie unendlich zäh. Stadtmenschen werden mich verstehen. Wir verbringen unsere Zeit, indem wir sie abwarten, ihr nachhetzen, sie totschlagen. Bei all dem bleibt uns trotzdem immer weniger Zeit. In der Stadt agiert man im Takt digitaler Anzeigen. Anders am Land, gerade in einer kleinen Ortschaft. Ihren Mittelpunkt bildet die Kirche. Die Glocken am Kirchturm läuten zur vollen Stunde. Unbewusst folgen wir dem Geläut durch den Tag. Mich persönlich zieht das eiserne Ziffernblatt der Kirchturmuhr immer wieder in seinen Bann. In meinem Wohnort Purbach ist an jeder Seite des Turmes ein Ziffernblatt angebracht: jeder Himmelsrichtung ein Zeitmaß. Es ist ein ordnendes Maß, kein verstörendes. Ein analoges, kein digitales. Der Takt, den es vorgibt, ist ein begleitender. Er begleitet mich durch den Tag. Er weist in die Ewigkeit und gibt mir zu verstehen, wie relativ die Zeit im Jetzt eigentlich ist.

Diese Erkenntnis prägt mein Tun am Land. Ich hetze keinem Bus nach, ich warte keine Gelegenheiten ab, ich schlage die Zeit nicht tot. Ich lasse mir Zeit. Meine Termine ergeben sich aus dem Tagesablauf. Sie sind das Ergebnis von unmittelbaren Begegnungen im Ort. Ich treffe jemanden: »Hast Du Zeit?« Ich muss mich nicht organisieren, um einen organisierten Tag zu haben, der Ablauf ergibt sich aus sich selbst heraus. Begleitet wird dieser Ablauf vom Läuten der Kirchenglocke.

Ich habe den Großteil meines Lebens allerdings in der Stadt verbracht, in Wien. Hier bilden die Kirchen zwar ebenfalls den Mittelpunkt von »Grätzeln«, doch bei der dichten Verbauung der Metropole sind diese nicht mehr als solche erkennbar. Kirchen sind hinter Hochhäusern versteckt. Glockentürme werden nicht wahrgenommen. Der Glockenklang geht unter im Autolärm. Mit einer Ausnahme: der »Steffl«, wie der Stephansdom liebevoll von Wienern und Nicht-Wienern genannt wird. Der Stephansdom hat drei Glockentürme. Einmal im Jahr horcht jeder Österreicher ganz bewusst auf das Pummern der großen Glocke des Domes. Ihr gibt der charakteristisch-dumpfe Klang den Namen »Pummerin«.

Über das Radio oder das Fernsehgerät hallt der Ruf der Pummerin in unsere Haushalte. Egal, ob wir den Silvesterabend am Berghof in den Voralpen verbringen oder im Gemeindebau an der Alten Donau, die Pummerin verbindet Punkt Mitternacht unser Land. Sie gibt uns für wenige Sekunden ein Gemeinschaftsgefühl. Die vielzitierte »Insel der Seligen« wird für einen kurzen Glücksrausch gelebte Wirklichkeit. Apropos Silvester: Dieser Name leitet sich von Papst Silvester ab, der am 31. Dezember des Jahres 335 für immer sanft entschlief. Aus dem Lateinischen übersetzt bedeutet er »der Waldmann«. Am Tag des Waldmannes also begleitet uns landauf, landab das traditionelle Glockengeläut aus dem Wiener Stephansdom. Und das bereits seit dem Jahreswechsel 1957. Die »Stimme Österreichs« gilt als Symbol für Friede und Freiheit. Sie ist buchstäblich aus den Trümmern des Tausendjährigen Reiches zusammengeschmolzen worden. Das Land Oberösterreich, in dem die Glocke gegossen wurde, machte sie nach dem Ende des Dritten Reiches der Stadt Wien zum Geschenk. Das für den Guss verwendete Rohmaterial stammte von der alten Pummerin, die dem

Bombenhagel im Krieg zum Opfer gefallen war. Diese wiederum wurde bereits aus Kanonen gegossen, die die geschlagenen Türken im Jahre 1683 zurückgelassen hatten. Friede und Freiheit manifestieren sich also sprichwörtlich in der »Glockenspeise«, wie das Gussmaterial genannt wird. Dieser Guss wird übrigens immer mit demselben Spruch eingeleitet:

> *»In Gotts Nam, lasst's rinnen,*
> *stoßt den Zapfen aus.*
> *Gott bewahr das Haus.«*

Weniger gottgefällig als vielmehr dem Aberglauben geschuldet sind da schon die Orakelbräuche, die ins neue Jahr überleiten. In Wien gibt es den Brauch des »Angangs«. Hier gilt das Prinzip der ersten Begegnung. Der erste fremde Mensch, dem man nach dem Glockenschlag begegnete, war dem Wiener ein offenes Buch, in dem er zu lesen vermeinte. Man las aus der Person, was einem die Zukunft bringen würde. War dieser Mensch ein Kind, verstand man es als Zeichen für Lebenskraft. War es ein alter Mensch, so war diesem bereits der eigene drohende Verfall eingeschrieben.

Am anderen Ende von Österreich, in Vorarlberg, hält man sich bis heute am Wetter fest. Die Hausfrau schneidet eine Zwiebel in zwei Hälften. Sie blättert aus jeder Zwiebelhälfte je sechs Schalen. Die Zwiebelschalen legt sie der Reihe nach auf dem Küchentisch auf und bestreut sie mit einer Prise Salz. Die gesalzenen Schalen lässt sie in der Silvesternacht stehen. Die Schalen, die am Morgen trocken sind, stehen für trockene Monate. Die feuchten Schalen weisen auf durchwachsene Monate mit etwas Regen hin. Jene Zwiebelschalen hingegen, die sich im

*Wenn an Neujahr
die Sonne uns lacht,
gibt es viele Fische
in Fluss und Bach.*

Salzwasser aufgelöst haben, entsprechen der Anzahl der Unwetter-Monate.

In Niederösterreich, und da vor allem im Mostviertel, geht um die Jahreswende herum die »Sampamuatta« um. Eine Perchtenfigur, die ihren Ursprung in heidnischer Zeit hat. Die Mitglieder des Haushaltes essen gemeinsam aus einer Schüssel warme Milch mit Semmeln: die »Sampamilch«. Ein klein wenig davon lassen sie übrig und legen die Löffel auf den Schüsselrand. Wichtig: Die Löffel müssen blank poliert sein! Wessen Löffel in der Früh vom Schüsselrand gerutscht ist, der würde bald darauf das Haus verlassen. Fanden die Hausbewohner allerdings auf den geputzten Löffeln frische Milchspuren, wies das auf den nächtlichen Besuch der »Sampamuatta« hin. Und der erfreute Alt und Jung, bedeutete er doch Glück im neuen Jahr.

Selbstverständlich – wie sollte es auch anders sein – sind die alten Orakelbräuche vor allem Fragen nach der Liebe geschuldet. Ein in Oberösterreich und Salzburg beliebtes Spiel war das »Patschenwerfen«. Ob als Weissagung zukünftigen Geschehens in der Ehe, sei dahingestellt. Auf jeden Fall war es ein Hinweis darauf, wen man künftig in den Hafen der Ehe führen würde. Das Spiel ist so simpel wie lustig, so effizient wie hanebüchen. Wer einen Blick in die häusliche Zukunft erhaschen möchte, stellt sich rückwärts zur Haustür und wirft den Patschen über die Schulter. Weist die Spitze nach draußen, bedeutet das den baldigen Auszug aus dem Elternhaus, einst einhergehend mit der Gründung eines Familienstandes. Persönliche Anmerkung: In Zeiten von »Hotel Mama« sicherlich ein Brauch, den es zu entstauben gilt.

In waldreichen Gegenden kommt es, scheint es, stark auf die Figur an. Was heutzutage in den Trendmagazinen beworben wird, der Body-Mass-Index, das zeigte einst der Magd am Land genauso wie dem Dienstmädchen in der Stadt das Holzscheit. Auch hier ein leicht verständliches Vorgehen: Wer sich die Figur des Bräutigams vor Augen führen wollte, stellte sich mit dem Rücken vor einen Holzstoß. Die junge Frau griff flugs nach hinten und zog »blind« ein Scheit aus dem Stoß. Erwischte sie ein krummes Scheit, bekam sie einen buckligen Verehrer ab. War das Scheit breit, wies das auf ein »gstandenes« Mannsbild hin. Ein bis ins vorige Jahrhundert äußerst beliebtes Unterhaltungsspiel, das in Zeiten der wieder beliebter werdenden Holzöfen fröhliche Urständ feiern könnte.

Mit dem letzten Orakelbrauch schließt sich der Kreis zur Kirche. Es ist ein alter Silvesterbrauch, der sich geradezu anbietet, wenn aus dem Radio im Hintergrund die Pummerin erklingt. Wir nehmen die Hausbibel zur Hand und schlagen sie mit dem Daumen an beliebiger Stelle auf. Nun schließen wir die Augen und fahren mit dem Finger an eine Textstelle. Wir öffnen die Augen, lesen die Stelle und vertiefen uns in diese. Was immer an Deutung wir aus dem »Buch der Bücher« mitnehmen, es sei uns ein göttlicher Fingerzeig.

# GEBACKENE MÄUSE

## ZUTATEN

- Salz
- 300 g glattes Mehl
- 125 ml Milch
- 30 g Staubzucker
- 4 Eidotter
- 60 g Butter
- 20 g Germ
- 2 EL Rum
- Butterschmalz

## ZUBEREITUNG

Gesalzenes Mehl mit lauwarmer Milch, Zucker, Eidotter, geschmolzener Butter, Germ und Rum zu einem flaumigen Teig vermengen. So lange abschlagen, bis sich der Teig vom Kochlöffel löst. Eine Stunde an einem warmen Ort rasten lassen. Einen Esslöffel ins erhitzte und ein wenig gesalzene Butterschmalz tauchen und anschließend löffelgroße Batzen formen. Die »Mäuse« im heißen Fett goldgelb backen, dabei das Reindl immer wieder schütteln. Auf Küchenkrepp abtropfen lassen und noch heiß servieren.

# ACHTE RAUNACHT
# 1. JÄNNER

Was bedeuten mir Friede und Freiheit?

# IX

*Wilde Jagd am Untersberg*

»GLÜCK HINEIN,
UNGLÜCK HINAUS,
ES ZIEHT DAS WILDE
GJOAD UMS HAUS!«

Zugegeben, ein bisschen schummle ich, wenn ich das »Wilde Gjoad« am Untersberg an den Anfang des neuen Jahres stelle. Eigentlich findet der Umzug am zweiten Donnerstag im Advent statt. Aber zum einen ist er nicht für die Öffentlichkeit bestimmt und zum anderen: Perchtenläufe datieren landläufig in der Mitte der Raunächte. So gesehen, passt es schon wieder. In dem uralten Brauch stecken christlicher Glaube, heidnische Überlieferung und historische Wahrheit. Er ist ein sogenannter »Rügebrauch«. Ein Brauch also, bei dem nicht verurteilt, sondern nur Nachschau gehalten wird. Der Umzug findet ohne Ankündigung und vor allem unter Ausschluss der Öffentlichkeit statt. Es ist ein Brauch, der eigens für die Landwirtschaft abgehalten wird, um dieser Glück und Segen zu bringen.

Wie aus dem Nichts taucht das Wilde Gjoad auf einem entlegenen Hof auf, bietet ihr Schauspiel dar – und verschwindet wieder im Nichts. Dazwischen findet ein mystisches Ritual statt. Der Vorgeher ruft: »Glück hinein, Unglück hinaus! Es zieht das Wilde Gjoad ums Haus!« Daraufhin schreit das Hahnengickerl schrill auf. Und der Tod schlägt mit einem Oberschenkelknochen die Trommel. Im Schein von Fackeln spielen Frauen und Männer auf hölzernen Schwegelpfeifen auf. Ein gewollter romantischer Kontrast zum wilden Treiben. Es scheint, als ließen sich die furchterregenden Gesellen von den sanften Tönen in den Bann ziehen. Jedenfalls beginnen sie, sich im Takt zu wiegen. Der Tresterertanz beginnt. Der Bann

*Ist der Winter warm,*

*wird der Bauer arm.*

dauert nur diesen einen Tanz lang an. Sobald die Flöten verstummen, beginnt die Meute wieder zu toben. Unheimliches Gebrüll hallt in die Nacht. Der Rabe kräht zweimal. Das Signal zum Einhalten. Die Fabelwesen verbeugen sich vor den Hausleuten und berühren den Boden zum Zeichen der Ehrerbietung. Und stoben anschließend davon. Ein Luftumzug von zwölf schaurigen Gestalten. Und zwar exakt zwölf Gestalten. Weisen die Figuren doch auf die zwölf Raunächte hin. Die anno dazumal finsterste Zeit des Jahres. Jede der Figuren hat ihre eigene Biografie, eine Geschichte, die eng mit der Raunachtzeit verwoben ist.

Den Zug, der über Schneewachten und gefrorene Ackerschollen hastet, führt der Vorpercht an. Er stützt sich dabei auf seinen Vorgeher-Stock und kündigt sich mit dem traditionellen Spruch am Hof an. Er ist dem Salzburger Perchtenkult entnommen.

Die eigentliche Hauptfigur, der Mittelpunkt des Treibens, ist der Tod. Er führt den Geisterzug mit seiner Trommel an. Es gibt keine Sage rund um den Salzburger Untersberg, in der er nicht ein Wörtchen mitzureden hätte.

Die vielleicht mysteriöseste Figur ist der Rabe. Der Sage nach war es dereinst seine Aufgabe, den im Untersberg schlafenden Karl den Großen am Tag des Weltuntergangs zu wecken. Bis dieser tatsächlich eintrifft, krächzt der Rabe in den Raunächten.

Eine typische Sagengestalt aus dem Gebiet des Untersberges ist das Moosweiberl. Gemeinsam mit dem Baumpercht, gehört es zu den Waldgeistern. Die beiden Gestalten halten Kontakt zu den Zwergen, die im Untersberg ihrem Tagwerk nachgehen. Der Baumpercht führt seine Träger jedes Jahr in den Wald. Er bekommt vor jedem Auftritt ein frisches Kostüm aus Astwerk.

Das Hahnengickerl ist wendig und unberechenbar.
Sein traditioneller schriller Schrei ist das Zeichen
für den Einsatz der Schwegelpfeifen.

Eine Sagenfigur, die im gesamten Flachgau bekannt ist, ist das Hahnengickerl. Der Hahn gilt bei den Bauern als Symbol für Wachsamkeit und Fruchtbarkeit. Kräht der Hahn, verscheucht er damit den Teufel. Gleichzeitig kündet sein Krähen das Morgengrauen an, also das Ende der Finsternis und die aufgehende Sonne. Somit hat das Hahnengickerl die Aufgabe, Anfang und Ende des nächtlichen Zaubers anzukündigen.

Der Riese Abfalter ist eine Sagengestalt, die rund um die Hügel der Stadt Salzburg angesiedelt ist. Der Erzählung nach schlief der Riese in einem Graben des heutigen Salzburger Stadtberges. Um sich die Zeit zu vertreiben, warf er Steinbrocken ins Tal. Aus denen entstanden die noch heute sichtbaren Hügel. Dem Riesen dienten sie einst dazu, das Flussbett der Salzach zu durchqueren, lebte doch am anderen Ufer der Salzach, im heutigen Stadtteil Abfalter, die von ihm Angehimmelte. Die Sagengestalt zeigte sich äußerst menschenfreundlich. Mit der ihm zugeschriebenen Sanftmut ermahnte der Riese dereinst die Dorfbewohner, ein frommes und ehrbares Leben zu führen.

Ebenfalls von der gutmütigen Sorte ist der Bär. Er wird von einem eigenen Bärentreiber geführt. Das kräftige Tier zeichnet sich besonders dadurch aus, den Schwachen der Gesellschaft beizustehen. Seine Kraft wird vor allem als Frühlingskraft gedeutet. Und diese siegt bekanntlich Jahr für Jahr über ihren finsteren Kumpan, den Winter.

Der Bärentreiber hat seine Funktion dem ausgehenden Mittelalter zu verdanken. Zwar ist auch er dem Salzburger Perchtenkult entnommen, doch ist er vor allem von Jahrmärkten und aus dem Faschingstreiben bekannt.

Die Hexe ist die hässliche Schwester der Untersberger Wildfrauen. Werden diese als lieblich, holdselig und überirdisch schön bezeichnet, entspricht die Hexe jenem Klischeebild, von dem ihre Gattung gezeichnet wird. Die Nachfahrin der Wildfrauen ist auf dem Mist von ewig gestrigen Kirchenmännern gewachsen, die mit diesem Schreckensbild die Unabhängigkeit von Frauen in Misskredit brachten und bringen.

Der Saurüssel, eine Gestalt mit Schweinskopf, kommt ebenfalls aus dem allgemeinen Sagenschatz. Er steht für den heiligen Eber der Raunachtzeit, eine mythologische Jagdgestalt.

Die wohl ungewöhnlichste Figur der nächtlichen Luftfahrt ist die »Habergoaß«. Eine Spukgestalt, die mit Ziegenkopf dargestellt wird. Da es sich bei dem Wilden Gjoad um Untote handelt, denen von Menschen aus Fleisch und Blut Leben eingehaucht wird, ist die Habergoaß mit ihrem komplexen Körperbau eine Herausforderung. Es sind zwar zwölf Figuren. In diese schlüpfen jedoch 13 Darsteller. Der 13. ist nämlich »da Oasch«, wie es ein Teilnehmer bodenständig ausdrückt. Wer immer die Ehre hat, am Umzug teilzunehmen – er beginnt seine Laufbahn als Hinterteil dieser Fantasiegestalt. Über Stock und Stein geht es dann ohne Sicht hinauf zu den entlegenen Höfen. Und das alles in gebückter Haltung. Ein Blindflug also. Und eine Geduldsübung am Weg zu den höheren Weihen des Wilden Gjoad.

# SALZBURGER BIERKEKSE

## ZUTATEN
- 200 g kalte Butter
- 200 g Mehl
- 3 EL Bier
- Marmelade nach Belieben
- Staubzucker

## ZUBEREITUNG
Die kalte Butter gemeinsam mit dem Mehl abbröseln. Anschließend das Bier dazugeben und zu einem glatten Teig verkneten. Den Teig 30 Minuten kühl rasten lassen. Auf einem Teigbrett auswalken und große Kreise ausstechen. Einen Klecks Marmelade in die Mitte der Kreise setzen. Die Kreise in der Mitte zusammenfalten und am Rand gut zusammendrücken. Die Kekse bei 150 Grad Ober- und Unterhitze goldbraun backen und noch heiß in Staubzucker wälzen.

# NEUNTE RAUNACHT
# 2. JÄNNER

Was verbinde ich mit dem Motto
»Glück ins Haus, Unglück hinaus«?

# X

Märchen erzählen im Almtal

»VOR LAUNGA,
LAUNGA ZEIT,
WOAS GESTAN
ODA WOAS HEIT ...«

Ein Witz im wahrsten Sinne des Wortes: Treffen sich zwei Erzähler – und schweigen sich an. So oder so ähnlich geschieht es bei meinem Annäherungsversuch an den Märchenerzähler Helmut Wittmann. Ihm verdanken wir gescheite Geschichten aus dem alpenländischen Raum. Heimische Geschichten in der Erzähltradition des Morgenlandes. Geschichten, deren Symbolsprache in uns selbst verankert ist. Wenn, ja wenn wir den Erzähler aus Leidenschaft in Aktion erleben. Nichts anderes hatte ich mir für dieses Buch vorgenommen. Ich schätze Helmut Wittmann schon lange. Er hat sich zum Beruf gemacht, was an den langen Abenden in den Bauernstuben wie selbstverständlich dazugehörte: das Schöpfen aus der Quelle des Lebens. Mündliche Überlieferungen, meist angesiedelt in der wilden Natur, dem Wald, sind Teil der Raunachtkultur. Über den Wald hat der Mensch nur bedingt Macht. Hier lauerte die unsichtbare Gefahr. Hier siedelt er seine Sagenfiguren an: die Menschenfresser und Hexen, aber auch die Retter in der Not. Jede Krise birgt eine Chance in sich. Die Retter zeigen sich in Gestalt der Baumfee, aber auch des wissenden Zwerges.

Mit Märchenerzähler Wittmann wollte ich dem Kern des Geschichtenerzählens auf den Grund gehen. In seiner Heimat, dem Almtal, lädt er in der Raunachtzeit zur »Almtaler Märchenroas«. Unser Treffen sollte nicht stattfinden. Eine unsichtbare Kraft wirbelte unser beider Leben durcheinander wie das aller Menschen. Unser Terminplan geriet außer Kontrolle, das persönliche

Gespräch musste ins Virtuelle ausgelagert werden. Eine unsichtbare höhere Macht hatte die Oberhand über die Magie der Worte gewonnen. Uns blieb als einzige Möglichkeit, uns im globalen Dorf, dem Internet, zu unterhalten. Dabei sollte doch gerade das Miteinanderreden unser Thema sein! Doch Helmut Wittmann nahm mir mit einer so schlichten wie weisen Erkenntnis die Scheu vor der elektronischen Kommunikation. Egal, ob mit Hand und Fuß oder per Mausklick mit dem Computer, geistiger Austausch sei unabhängig von den zur Verfügung stehenden Mitteln. Da wie dort seien es Worte, die übermittelt würden. Wer etwas zu sagen habe, der nutze eben, was ihm gegeben sei. Das ist natürlich nur die halbe Wahrheit. Der anderen Hälfte dieser Wahrheit gehen wir nun auf den Grund. Zwölf Fragen und Antworten zum Thema Erzählen, ein viraler Dialog.

*Herr Wittmann, was bedeutet Ihnen das Erzählen?*
Erzählen verstärkt unser Miteinander. Soziale Medien bringen die Kommunikation zwischen Menschen oft ziemlich durcheinander. Das gesprochene Wort hingegen schafft Nähe und Klarheit. Wir teilen ein gemeinsames inneres Erleben. Die Sprachmelodie, die Mimik, die Gestik: Der ganze Körper erzählt mit. Es entsteht Verständnis. Erzählen und zuhören bedingen einander. Der Zuhörer spürt sofort, wenn es sich um leeres Gerede handelt. Wer nichts zu sagen hat, stößt auf taube Ohren. Wenn es aber »funkt«, wenn die beiden auf einer Welle schwingen, unter einer gemeinsamen »Verständnisglocke« – dann ist das Magie.

*Welche Rolle spielt der Wald in Ihren Geschichten?*
Der Wald ist im Märchen die Welt an sich. Im Gegensatz zur unserer kultivierten Natur bietet der Wald noch Platz für Wunder. Hier haust der Walddrache mit seinen Schätzen. Hier kann man sich verirren und das Glück finden. Gerade, weil im Wald alles in Frage gestellt wird.

*Wir beziehen unser Wissen heutzutage über Google. Wie vermitteln Sie in Ihren Erzählungen Wissen?*
Indem ich nicht als Schulmeister auftrete! Denn Märchen kommen ohne belehrenden Zeigefinger aus. Sie werden von mir nie hören: »So machst du es richtig!«, oder, »so machst du es falsch!« Im Gegenteil: Märchen flüstern ihre freundliche Weisheit zwischen den Zeilen. Eine wesentliche Botschaft ist: »Vertraue der Welt und du wirst von ihr angenommen.« In Zeiten der Krise halten Märchen eine beruhigende Botschaft bereit: »Auch wenn du am Verzweifeln bist, geh unverzagt weiter und du wirst sehen, es lohnt sich.« Das Aschenputtel zum Beispiel ist in einer schrecklichen Lage. Die Mutter gestorben, die Stiefmutter böse. Aschenputtel lässt sich davon nicht verbittern: Sie bewahrt sich das Kostbarste, die Erinnerung an ihre leibliche Mutter. Und findet in dieser Erinnerung ihr persönliches Glück.

*Die Nächte zwischen der Zeit gaben den Bauern einst Raum für Erzählungen. Ist Stillstand der Humus guter Geschichten?*
Die Nächte zwischen der Zeit, in der die Natur stillsteht, sind *die* Gelegenheit, das Alte in Ruhe zu überdenken und sich dem Neuen gegenüber zu öffnen. Geschichten liefern da viele inspirierende Anregungen. Sie bringen uns weiter.

Helmut Wittmann ist seit über 30 Jahren hauptberuflich als Märchenerzähler tätig.

Das Bild von der Stube als Erzählraum ist für mich symbolhaft: Muße für das Miteinander. Indem wir uns in Gesellschaft den Themen, die uns beschäftigen, nähern, verarbeiten wir sie spielerisch.

*Sehen Sie sich in der Tradition des erzählenden Störhandwerkers, der einst im Winter auf den entlegenen Höfen Station machte?*
Unbedingt. Der Störhandwerker ist von weiß Gott wo gekommen und hat Geschichten von weiß Gott wo in die enge Dorfwelt hineingetragen. Bei mir als Märchenerzähler ist es ebenso. Ich komme von außen und kenne die gesellschaftlichen Spielregeln des Ortes, wo gerade ein Erzählabend am Programm steht, meist nicht. Mir sind die Tabuthemen nicht vertraut. Also kann ich »frei von der Leber weg« in aller Unschuld erzählen.

*Zur Raunachtzeit blicken wir gerne in die Zukunft. Erlaubt auch das Erzählen den Blick in die Zukunft?*
Was heißt schon »in die Zukunft sehen«? Ich verwende lieber den Begriff des Unterbewussten. Orakel schaffen uns einen spielerischen Zugang. Damit arbeiten auch Geschichten. Sie weisen darauf hin, dass in unserem Unterbewusstsein wahre Schätze darauf warten, gehoben zu werden. Vor allem deuten Orakel und Geschichten an, wohin die Reise geht. Alte Überlieferungen zeigen beispielhaft unterschiedliche Lebenswege auf. Sie sind uns daher Wegbegleiter in der Gegenwart.

*Im Januar*

*viel Muckentanz,*

*verdirbt die*

*Futtererde ganz.*

*Die Welt um uns herum scheint manchmal Kopf zu stehen. Gibt uns das die Möglichkeit, sie aus dem oft und gern geübten Blickwinkel von Kindern zu betrachten: dem Kopfstand?*
Manchmal muss man die Welt auf den Kopf stellen. Nur so können die Dinge des Alltags wieder zurechtgerückt werden. Das ist ein heilsamer Prozess. Ich erzähle oft und gern Schelmengeschichten. Held ist der weise Narr Nasreddin Hodscha. In seiner verrückten Weisheit wirken seine Erlebnisse auf viele Menschen, die mir zuhören, unglaublich befreiend.

*In den Raunächten am Land spielte Angst eine große Rolle. Wie begegnen Sie selbst dem Thema?*
Die Angst spielt auch im Märchen eine wesentliche Rolle. Heldin oder Held haben sich ihrer Angst zu stellen. Da ich mich als Erzähler in meine Helden einfühlen muss, stelle ich mich auch selbst meinen Ängsten. Die Existenzangst ist für einen Freiberufler da natürlich ein Thema. Die Märchen zeigen mir aber: Solange die Angst wie ein Damoklesschwert über dir schwebt, macht sie dich unfrei. Stellst du dich ihr, merkst du schnell, wie viel an befreiender Kraft darin liegt, sie zu bewältigen.

*Wie haben Sie Ihren Kindern das Thema Angst erklärt?*
Meine Frau und ich haben offen mit ihnen darüber gesprochen. Und dann sind unsere Kinder ja mit einer Fülle von Geschichten aufgewachsen. Da steckt das gesamte Know-how im Umgang mit Ängsten drin.

*Nicht Philosophen stellen die radikalsten Fragen, sondern Kinder. Was fragen Kinder Sie nach Ihren Auftritten?*
Eine wesentliche Frage, die mir immer wieder von Kin-

dern gestellt wird, ist: »Was ist eine Seele?« Die Antwort darauf führt zu spannenden Gesprächen. Märchen erzählen vom Wesen des Lebens. Gerade Kinder wissen, es ist nicht alles eitel Wonne. Also wollen sie wissen, wie sie mit den Schattenseiten umgehen sollen. Ich erzähle von Kummer, Leid, Tod, von Urängsten. Gleichzeitig weise ich hin auf den Mut zu neuen Wegen, mache Mut für das Unbekannte. Und berichte über die Freude nach einer bestandenen Herausforderung. Dem Unglück, dem wir im Märchen begegnen, steht überschießendes Glück gegenüber. Gefühlszustände, die Kinder in ihrem tiefsten Inneren bewegen. Und aus denen sich für die Kinder Fragen ergeben.

*Das vermutlich größte Lehrbuch ist die Natur. Was lehrt sie uns in dunkler Zeit?*
Die Natur holt uns aus unserem »verkopften« Denken und bringt – wenn wir uns öffnen – unser Wesen mit unserer ganzen Kraft zur Geltung. Durch einen Spaziergang im Grünen kommen wir wieder in unsere Mitte. Auch und gerade in schwierigen, in dunklen Zeiten.

*In den Raunächten schöpfen wir Kraft für das neue Lebensjahr. Gilt nicht gerade in Zeiten der Unsicherheit das Motto: »Trotzdem ›Ja‹ zum Leben sagen«?*
Für mich gilt immer: »›Ja‹ zum Leben sagen!« Was wäre denn die Alternative? Sich umzubringen? Im Märchen gibt es eine präzise Antwort: »Etwas Besseres als den Tod findest du überall.« Aber, um versöhnlich zu enden, es stimmt noch immer der Spruch: »Wenn du glaubst, es geht nicht mehr, kommt irgendwo ein Lichtlein her!«

# SÜSSER HAFERBREI

**ZUTATEN**
- 3 Handvoll Haferflocken
- 10 g Butter
- 500 ml Milch
- 2 EL Honig
- 1 Prise Zimt

**ZUBEREITUNG**

Haferflocken in geschmolzener Butter anrösten, bis sie duften. Mit Milch ablöschen und dabei immer wieder umrühren, bis ein dicker Brei entsteht. Honig und Zimt untermischen und den Brei in eine Schüssel füllen.

# ZEHNTE RAUNACHT
# 3. JÄNNER

Was habe ich gestern erledigt,
was nehme ich mir für heute vor?

# XI

*Kärntens Pehtra Baba*

## »KOMM MIT, ALTE BABA. ZWÖLFE IS, DIE UHR IS ABGELAUFEN!«

Sie ist ein hässliches, altes Weib. Und sie tanzt wie ein Derwisch. Sie trägt keine Maske. Dafür hat sie das Gesicht mit Ruß geschwärzt. Sie hat ein schwarzes Kopftuch umgebunden. Und steckt in einem schwarzen Kittel. In einer Hand hat sie ein Beil. Sie kriecht auf allen Vieren in die Stube. Doch wenn sie erst einmal in der Stube ist, schüttet sie aus einem alten Korb Apfelspalten, Nüsse, Dörrzwetschgen, Rüben und Erdäpfel auf den Dielenboden. Die »Pehtra Baba«, die im Herrgottswinkel zwischen dem kärntnerischen Rosental und Slowenien ihr Unwesen treibt. In der Weihnachtszeit streicht sie um die Höfe. In der Nacht vor Dreikönig findet ihr Wehklagen ein Ende. Im zweisprachigen Teil von Kärnten kündigt sich das »Wilde Gjag« mit markerschütterndem Gejohle an. Kinder, die vor der Taufe gestorben sind, müssen solange mit der Percht umherziehen, bis ein menschliches Wesen sie anspricht und von ihrem Schicksal befreit. Um auf sich aufmerksam zu machen, jammert die Kinderschar. Weshalb die kärntnerisch-slowenische Form der Wilden Jagd auch »die Klage« genannt wird.

Es geht die Sage um, einst sei bei einem Bauern ein ungetauftes Kind dem Tode nahe gewesen. Eine Bäuerin aus dem Dorf hörte in dieser Nacht die Klage des Wilden Heeres. Sie ahnte, dass dieses gekommen sei, um das ungetaufte Kind zu holen. Entschlossen nahm sie eine Abkürzung zum Hof des Bauern. Die Klage hingegen musste, so will es der Brauch, eben jenen Weg gehen, welchen der Leichenzug zur Kirche nimmt. Die Bäuerin erreichte also

*Im Januar*

*trocken und rau,*

*verdirbt den*

*Getreideanbau.*

vor der Klage den Hof. Und sie erteilte dem Kind die Nottaufe. Es starb in ihren Armen, doch Pehtra Baba und ihre Kinderschar musste unverrichteter Dinge abziehen.

Die Pehtra Baba ist eine zwiespältige Figur. Ein stummes Wesen mit vielen Gesichtern. Sie ist lustig als Tanzende. Als Segnende ist sie gut und als Strafende böse. Sie spiegelt die Charaktere wider, die uns auch im wahren Leben über den Weg laufen. Auf jeden Fall geht es in ihrem Fall darum, der Angst sprichwörtlich ins Gesicht zu schauen, um sie zu überwinden. Bei den heutigen Umzügen tragen die Frauen, statt sich die Gesichter zu schwärzen, oftmals schwarze Schleier. Es sieht dann im Dunkel der Nacht aus, als würden sie eine Burka tragen. Mit diesem Auftreten stellen sie die Vorurteile gegenüber verschleierten Frauen in der Gesellschaft gehörig auf den Kopf – was so natürlich nicht beabsichtigt ist.

Im Volksglauben ist die Percht als Tochter des grausamen Königs Herodes bekannt. Sie konnte schön tanzen, also erfüllte der König ihr jeden Wunsch. Sie beratschlagte sich mit ihrer Mutter und forderte vom König den Kopf von Johannes dem Täufer. Als Strafe für diese Anstiftung zum Mord wurde sie in eine hässliche Percht verwandelt. Fortan führte sie die Klage durch die Welt. Die Kärntner besprengen und räuchern ihre Häuser, um die Pehtra Baba fernzuhalten. Und wer ganz sicher gehen wollte, der schützte sich auch noch mit den Anfangsbuchstaben der Heiligen Drei Könige. Wer diese mit geweihter Kreide auf die Tür schrieb, der bannte »Zlata Baba«, wie sie in Slowenien heißt. »Die goldene Alte«, so die Übersetzung, hielt Respektabstand zu Haus und Hof.

Eingeladen fühlen darf sich die mythische Frauengestalt dort, wo sie Teil des touristischen Brauchtums geworden ist. In so manchem Gasthof zwischen Rosen- und Gailtal tritt sie zum Gaudium der Anwesenden auf. Die Kärntner und die slowenische Mundart bilden an solchen Abenden ein Stimmengewirr. Es geht hoch her zwischen den Bänken und Tischen. Das Farbenspiel der alten Damen ist prächtig. Die böse Pehtra, die Schwarze, wird von zwei guten Pehtras, ganz in Weiß, und zwei lustigen, in buntem Gewand, begleitet. Die beiden guten streuen Süßigkeiten am Boden aus. Sie imitieren damit die Aussaat auf dem Feld im März. Die böse droht hingegen mit einem rostigen Beil. Die lustigen tanzen fröhlich im Kreis. Diesen begrenzen die guten Pehtras schließlich mit Kreide und machen drei Kreuze in den Kreis am Boden. In diesen Kreis treiben die guten und die lustigen Perchten schließlich ihre böse Anführerin. Mit diesem Ritual zum Abschluss der Vorstellung wird das Böse im kommenden Jahr endgültig gebannt.

Nicht ganz so unterhaltsam, dafür näher an den Ursprüngen, ist eine weitere Variante des Stubenspiels. Der Sensenmann betritt den Raum. Er zeigt das Ziffernblatt, das am Ende seiner Sense angebracht ist. Dann ruft er: »Zwölfe is, alte Baba, die Uhr is abgelaufen!« Er wetzt seine Sense. Und die Pehtra Baba hinkt herein. An einem Strick führt sie die unschuldigen Kinder. In ihrer linken Hand hält sie ein Bündel Späne, mit dem sie raschelt. Sie befragt die Kinder und lässt sie Gebete aufsagen. Dabei hat sie ihre eigene Kinderschar am Strick immer fest im Griff. Da die Kinder immer zur Zufriedenheit der »schiachen Percht« antworten, wirft sie, bevor sie wieder in der Dunkelheit verschwindet, Dörrobst in die Stube. Der Auftritt der goldenen Alten löst sich also in Wohlgefallen auf.

# HONIGTAFERLEN

**ZUTATEN**
- 200 g Honig
- 200 g Rohzucker
- 2 Eier
- 250 ml Milch
- 1 TL geriebene Zitronenschale
- ½ TL Zimt
- Gewürznelken
- eine Prise Koriander
- 1 EL Backpulver
- 500 g dunkles Roggenmehl

**ZUBEREITUNG**

Geronnenen Honig, Zucker, Eier, Milch, Zitronenschale, Zimt, Gewürznelken und Koriander schaumig rühren. Mit Backpulver und Roggenmehl zu einem dickflüssigen Teig verarbeiten. In eine mit Butter ausgestrichene und mit Mehl bestäubte Kuchenform füllen, wobei das obere Drittel der Form frei bleibt. Heiß backen und anschließend über Nacht auskühlen lassen. Am nächsten Tag längliche Lebkuchenstücke schneiden.

# ELFTE RAUNACHT
# 4. JÄNNER

Wie gehe ich mit dem Gefühl um,
mir laufe die Zeit davon?

# XII

*Drei Könige am Traunsee*

# »CHRISTUS SEGNE DIESES HAUS.«

Und dann ist sie da: die letzte Raunacht. Die Nacht vor Dreikönig. Die, die das Licht ins Dunkel bringt. Drei prächtig gekleidete Herren aus dem Morgenland gehen um. Sie kommen in finsterster Zeit. Im Lande herrscht ein systematischer Kindermord. Josef, der Zimmermann, und seine Frau Maria haben sich mit ihrem Neugeborenen in einen Stall bei Betlehem geflüchtet. Da tauchen die drei Weisen auf, geleitet vom Stern über der Stadt. Und sie beschenken das Kind in seiner Krippe mit Weihrauch, Gold und Myrrhe. Soweit die biblische Legende um Jesus und die Heiligen Drei Könige. In Gmunden wird diese Legende so ähnlich und doch ganz anders erzählt. Erzählgarn ist es, das da gesponnen wird. Eine märchenhafte Geschichte. Eine Geschichte, die eben darum an das Ende dieses Buches passt, weil sie so stimmungsvoll die zwölfte der Raunächte abschließt.

Es heißt, die Könige seien auf ihrem Weg nach Betlehem durch das Tal der Traun gezogen. Eines Tages standen sie in Ebensee an den Ufern des »glücklichen Sees« – *Lacus Felix*, so der römische Name des heutigen Traunsees. Hier war ihr Fußweg zu Ende. Sie nahmen sich Ruderknechte, einheimische Fischer, und übersetzten nach Gmunden. Dort gingen sie an Land und lagerten an einem Brunnen. Die aus dem Abendland verstanden jedoch die Sprache jener aus dem Morgenland nicht und umgekehrt. Erst als sie ein gemeinsames Lied anstimmten, sprachen sie mit einer Zunge. Musik verbindet. Es ist eine Sprache, die überall verstanden wird. Eine Sprache,

*Heilig Dreikönig*

*sonnig und still,*

*Winter vor Ostern*

*nicht weichen will.*

die die Touristen aus aller Welt, die heute nach Gmunden strömen, in ihrem Innersten rührt. Dann nämlich, wenn in der Nacht vor Epiphanie, der Erscheinung des Herrn, das Doppelquartett Edelweiß in die Kostüme der Könige schlüpft. Auf dem Schiff lassen sich die Sänger nach Gmunden bringen. Unter dem Jubel tausender Schaulustiger landen sie am Kai des Gmundner Stadtplatzes. Es ist der Höhepunkt des Glöcklerlaufes: Der Umzug der Schönperchten mit ihren beeindruckenden Lichtskulpturen. Ein Hochfest alpenländischen Brauchtums.

Wenn dann die Mannen des Gesangvereins Doppelquartett Edelweiß *Es wird scho glei dumpa* anstimmen und die Glöckler wie selbstverständlich eben diese »dumpa Nåcht« mit ihrem Lichterumzug vertreiben, dann geht das eine in das andere über. Dann endet die raue Nacht und der lichte Morgen kann beginnen. Dann werden die Sterne besungen und die Wilde Jagd mit Glockengeläut vertrieben. Dann offenbaren sich die Zeilen der alten Salzkammergutweise: »O Wunder über Wunder.« Und dann stehen die Schaulustigen da mit großen Augen und offenen Ohren und sind ganz eins mit der Botschaft der Heiligen Drei Könige:

> *»Wir wollen künden Euch von dem,*
> *was einst geschah in Bethlehem.*
> *Christus, der Heiland, kam zur Erde,*
> *damit die Welt erleuchtet werde.«*

# DREIKÖNIGSZOPF

**ZUTATEN FÜR 12 PORTIONEN**
- 150 g Rosinen
- 550 g Mehl
- 1 Würfel Germ
- 225 ml Milch
- 100 g Zucker
- 2 Eier
- 1 Prise Salz
- 120 g Butter
- 1 Eigelb

**ZUBEREITUNG**

Rosinen mit heißem Wasser überbrühen, kurz einweichen, dann im Sieb abtropfen lassen. Mehl in eine Schüssel sieben. Germ in ein Tasse bröckeln und in etwas warmer Milch auflösen, mit 1 TL Zucker verrühren und zum Mehl gießen. Zucker, Eier, Salz, Butter in Stückchen und restliche Milch ebenfalls zum Mehl geben und alles gut durchkneten, bis ein geschmeidiger, glänzender Teig entstanden ist.

Schüssel mit einem Tuch abdecken und an einen warmen Ort stellen. Eine Stunde gehen lassen, bis sich das Volumen verdoppelt hat. Die Rosinen zum Teig geben, noch einmal durchkneten, dann in drei gleiche Teile trennen. Die Teigstücke jeweils zu gleich langen Rollen formen und in eine der Rollen eine Münze stecken. Backblech mit Backpapier auslegen und das Backrohr auf 180 Grad vorheizen. Die Teigrollen nebeneinander legen und zu einem Zopf flechten. Wieder mit einem Tuch abdecken und weitere 30 Minuten gehen lassen. Eigelb mit 1 EL Wasser verschlagen und den Zopf damit bepinseln. Das Backblech auf die mittlere Schiene schieben und den Dreikönigszopf circa 20 Minuten backen.

# HEILIGE DREI KÖNIGE
*Neuanfang, Glück und Mut*

In der Nacht vom 5. auf den 6. Jänner wird zum letzten Mal geräuchert. An diesem Tag gehen oft die Sternsinger von Haus zu Haus und bringen den Segen der Heiligen Drei Könige. Wir dürfen uns auf das neue Jahr vorbereiten und positiv einstimmen. Was wird es wohl bringen? Werden unsere Wünsche in Erfüllung gehen? Mit positiver Energie und viel Mut begleitet uns diese Räuchermischung ins neue Jahr.

## RÄUCHERMISCHUNG FÜR DIE DREIKÖNIGSNACHT

- ½ Teil Lavendel
- 1 Teil Rosmarin
- 1 Teil Eisenkraut
- ½ Teil Waldmeister
- 1 Teil Lärchen- oder Fichtenharz
- ½ Teil Weihrauch

---

**Lavendel** kann einerseits beruhigen, uns aber auch erfrischen, je nachdem was der Körper gerade braucht. Beim Räuchern wirkt er desinfizierend und reinigend. Er klärt unseren Geist und unterstützt beim Neuanfang.

**Rosmarin** ist eine gute Schutzpflanze und klärt die Atmosphäre in Räumen. Unsere kreativen Ideen unterstützt er mit einem klaren Kopf und macht uns frei für den Neubeginn.

**Eisenkraut** gibt uns den Mut für den Neuanfang. Der Rauch stärkt und unterstützt dabei, an unseren Zielen dranzubleiben und unsere Energie auf unsere Vorhaben zu zentrieren.

Im **Waldmeister** steckt die Energie des Frühjahrs. Seine Lebensfreude dürfen wir auch in der Räuchermischung spüren. Denn positive Energie und Glücksgefühle verleihen uns den nötigen Antrieb, um unsere Ziele zu erreichen.

**Lärchenharz** ist von ganz feinem und edlem Duft. Im neuen Jahr soll es uns Glück bringen. Es lässt uns obendrein spontaner sein und förmlich ins neue Jahr tanzen!

# ZWÖLFTE RAUNACHT
# 5. JÄNNER

Was bedeutet mir das Brauchtum
der Heiligen Drei Könige?

# NACHSCHLAG
## Das Teeglas

Nichts erinnert mich intensiver an die »stade Zeit« als das Heißgetränk Tee. Als Kind habe ich den Tee pur geschlürft. Ein Sackerl mit Früchtemischung war ausreichend, kochendes Wasser und eine Zitronenspalte. Als Erwachsener habe ich Tee dann in der verfeinerten Variante genossen: mit einem Stamperl Selbstgebrannten vom Bauern ums Eck. Ohne Tee und den obligaten »Selberbrennten« kann ich mir die Zeit rund um Weihnachten nicht mehr denken. Es ist ein Brauch, der der angelsächsischen Tradition entspringt: der *tea time*. Und es ist einer, der sesshaft geworden ist bei uns in den Alpen. Als Zeichen gelebter Gastfreundschaft. Dem Anlass entsprechend wird der Tee dem Besuch nicht im blechernen Häferl serviert, aus dem der Morgenkaffee geschlürft wird, sondern im schön bemalten Teeglas. Ein Glas, das erst geblasen werden muss, bevor es anschließend verziert wird. Das Grundmaterial sind handgearbeitete, mundgeblasene Gläser, niemals Industrieware. In der Glashütte fertigt der Glasbläser aus Röhren und Stäben ein Gefäß. Dabei arbeitet er »vor der Lampe«, also am offenen Brenner. Der Begriff »Lampe« nimmt Bezug auf die Fertigung in früherer Zeit. Da diente eine mit Blasbalg verbundene Öllampe zum Erhitzen der Glasstäbe. Diese wurde im Laufe der Zeit durch den Gasbrenner ersetzt. Die Wendung »vor der Lampe« allerdings hat sich bis heute erhalten. Ein Gasbrenner kann auf bis zu 2500 Grad Celsius erhitzt werden. Durch die gesteuerte Zufuhr von Druckluft und Sauerstoff variiert der Glasbläser die Temperatur und steuert die Flamme. Damit wirkt er direkt auf die Oberfläche ein und gestaltet die Form des Teeglases.

Form und Oberfläche. Zwei Stichworte, die direkt zur Teeglasmalerei führen. Der in der Glashütte in Form gebrachte Rohling wird mit Schmelzfarben künstlerisch veredelt. Die Motive sind meist nostalgischer Art und spannen einen Bogen von der Fauna über die Flora bis hin zur auftragsgebundenen Jubiläumsszene. Die Ausführung reicht vom Glas mit einfachem Mattrand bis hin zum reich vergoldeten Schmuckglas. Höchste Konzentration und Sorgfalt sind oberstes Gebot, wird doch jede einzelne Farbschicht im Ofen acht Stunden lang gebrannt. Eine aufwendige Handarbeit.

In diesem Sinne: Erfreuen Sie sich an Ihrem Teeglas. Denken Sie immer daran, welcher Aufwand dem Augenschmaus vorangeht. Und schließlich: Verwöhnen Sie Ihren Gaumen Schluck für Schluck. Die richtige Kräutermischung für einen kräftigen Tee finden Sie in der Natur. Das Hochquellwasser zum Aufgießen hingegen kommt direkt aus dem Wasserhahn. Das Leben kann so einfach sein.

# WEITERFÜHRENDE LITERATUR

Bauer, Kurt (Hrsg.): *Bauernleben. Vom alten Leben auf dem Land.* Wien 2007, Böhlau Verlag.

Blüchel, Kurt G.: *Zauber der Jagd.* Köln 1983, Komet Verlag.

Farkasch, Isabella: *Raunächte. Über Wünsche, Mythen und Bräuche – Märchen für Erwachsene.* Berlin 2015, Goldegg Verlag.

Frühwirth, Christoph: *Täglich gutes Brot.* Wien 2018, Edition Kladde.

Girtler, Roland: *Echte Bauern. Der Zauber einer alten Kultur.* Wien 2002, Edition Böhlissimo.

Hiller, Jakob: *Peter Rosegger & Die Alpen.* Krieglach 2020, Verlag Hiller.

Hoffmann, Frank (Hrsg.): *Weihnachten in Wien.* Wien 2005, Pichler Verlag.

Jacob, Heinrich Eduard: *6000 Jahre Brot.* Asten 2017, Reprint PANEUM.

Maier-Bruck, Franz: *Vom Essen auf dem Lande. Klassische Bauernküche und Hausmannskost.* Wien 1999, Verlag Kremayr & Scheriau.

Martin, Wolfram: *Durch's jagerische Jahr. Revier & Hege im Jahreslauf.* Graz 2015, Leopold Stocker Verlag.

Mayr, Rupert/ Renate Zeltner: *Vom Umgang mit den Zeichen der Natur. Ganzheitlich denken in Garten, Haushalt und Landwirtschaft. Handfeste Gartenpraxis rund ums Jahr.* München 1996, Mosaik Verlag.

Reinisch, Johanna (Hrsg.): *Alles zu seiner Zeit. Bäuerlicher Alltag im Jahreskreis.* Wien 2008, Böhlau Verlag.

Scheuringer, Rosa (Hrsg.): *Bäuerinnen erzählen. Vom Leben, Arbeiten, Kinderkriegen, Älterwerden.* Wien 2007, Böhlau Verlag.

Türtscher, Susanne: *Von den zwölf Rauhnächten und dem dreizehnten Mond.* Buchboden 2019, Eigenverlag.

Wein, Josef: *Zwischen Leithaberg und Neusiedlersee.* Purbach 2006, Eigenverlag .

Wittmann, Heidemarie/ Helmut Wittmann/ Ursula Wittmann: *Das Geschenk der zwölf Monate. Märchen, Bräuche und Rezepte im Jahreskreis.* Innsbruck/ Wien 2018, Tyrolia.

## ZUM RÄUCHERN

Nitschke, Adolfine: *Heilsames Räuchern mit Wildpflanzen.* München 2018, Gräfe und Unzer Verlag.

Fuchs, Christine: *Räuchern mit heimischen Pflanzen.* Stuttgart 2013, Kosmos Verlag.

Fischer-Rizzi, Susanne: *Das Buch vom Räuchern.* Aarau 2016, AT Verlag.

# ÜBER DEN AUTOR

**Christoph Frühwirth** versteht sich als Handwerker im klassischen Sinn: Er arbeitet immer von Hand. Ob für das Theater, den Film oder das Servus Magazin. Als Journalist hat er Österreich auf dem Fahrrad und mit der Bahn erkundet. Als Schriftsteller war er unter anderem mit »Trautmann« Wolfgang Böck im Oldtimer unterwegs und mit »Bockerer« Karl Merkatz auf den heimischen Bühnen. Sein Lebensthema ist »Land & Leute«. Mittelpunkt seiner literarischen Betrachtung ist das Dorf, er selbst lebt direkt am Neusiedler See.

Sämtliche Angaben in diesem Werk erfolgen trotz sorgfältiger Bearbeitung ohne Gewähr. Eine Haftung der Autoren bzw. Herausgeber und des Verlages ist ausgeschlossen.

2. Auflage
© 2020 Servus Verlag bei Benevento Publishing Salzburg – München, eine Marke der Red Bull Media House GmbH, Wals bei Salzburg

Alle Rechte vorbehalten, insbesondere das des öffentlichen Vortrags, der Übertragung durch Rundfunk und Fernsehen sowie der Übersetzung, auch einzelner Teile. Kein Teil des Werkes darf in irgendeiner Form (durch Fotografie, Mikrofilm oder andere Verfahren) ohne schriftliche Genehmigung des Verlages reproduziert oder unter Verwendung elektronischer Systeme verarbeitet, vervielfältigt oder verbreitet werden.
Gesetzt aus der der Louize Pro, der Minion Pro, und der URW DIN

Covergestaltung: wir sind artisten
Coverbild: iStock/ Getty Images/ by-studio
Innenteilgestaltung, Satz und Illustrationen: Lisa Haunschmid
Bilder Innenteil: S. 14/15, 17, 18, 20: Doris Kern; S. 24/25: Luzia Ellert; S. 36/37, 158/159: Peter Moser/Artisual; S. 42: Marco Rossi; S. 54/55: Stefanie Kaineder/Birog's Hunting; S. 66/67, 72: Manfred Reindl; S. 80/81: Christopher Unterberger; S. 92/93, 96: Thomas Gruber/TomSon; S. 106/107: mauritius images/ Cultura RF/ Aliyev Alexei Sergeevich; S. 118/119, 122: Petra Rainer; S. 134/135: Unser Stephansdom; S. 146/147, 152: Jork Weismann; S. 164: Monika Löff; S. 172/173: Dieter Arbeiter; S. 182/183: Fritz Gerstorfer; S. 199: Martina Monghy

Zitat S. 34 aus: »Worüber das Christkind lächeln musste«, aus: Karl Heinrich Waggerl, Sämtliche Weihnachtserzählungen © Otto Müller Verlag, 3. Auflage, Salzburg 2017

Texte zum Räuchern: Doris Kern, www.mitliebegemacht.at

Medieninhaber, Verleger und Herausgeber:
Red Bull Media House GmbH
Oberst-Lepperdinger-Straße 11–15
5071 Wals bei Salzburg, Österreich

Printed by Finidr, Czech Republic
ISBN 978-3-7104-0264-7